T0245692

75 prácticas esenciales de MINDFULNESS

Título original: PRACTICING MINDFULNESS
Traducido del inglés por Vicente Merlo
Diseño de portada: Editorial Sirio, S.A.
Maquetación: Toñi F. Castellón

© de la edición original
2018 Althea Press, Emeryville, California

Publicado inicialmente en inglés por Althea Press, un sello de Callisto Media, Inc.

© de la presente edición
Editorial Sirio, S. A.
C/ Rosa de los Vientos, 64
Pol. Ind. El Viso
29006-Málaga
España

www.editorialsirio.com
sirio@editorialsirio.com

I.S.B.N.: 978-84-19105-21-9
Depósito Legal: MA-1108-2022

Impreso en Imagraf Impresores, S. A.
c/ Nabucco, 14 D - Pol. Alameda
29006 - Málaga

Impreso en España

Puedes seguirnos en Facebook, Twitter, YouTube e Instagram.

 El papel utilizado para la impresión de este libro está **libre de cloro** elemental (ECF) y su procedencia está certificada por una entidad independiente, no gubernamental, que promueve la sostenibilidad de los bosques.

MATTHEW SOCKOLOV

75 prácticas esenciales de MINDFULNESS

Sencillas meditaciones para reducir el estrés

EDITORIAL
SIRIO

Índice

Introducción

A MEDIDA QUE LAS PRÁCTICAS DE *MINDFULNESS* * y de meditación se han ido volviendo cada vez más populares, un mayor número de personas buscan activamente recursos para incorporar estas herramientas en sus vidas. Pero muchos de los libros que existen sobre el tema se centran en los *porqués* de la práctica, entre los cuales se incluyen los beneficios, de los que hay ya sólida evidencia; realmente no son muy útiles para el principiante que está buceando en la práctica por primera vez. Muchos estudiantes tienen preguntas específicas y comparten preocupaciones comunes, desde cómo evitar que la mente se distraiga hasta qué hacer si realmente necesitas rascarte la nariz, pasando por cómo debes actuar y cómo tienes que ser para «hacerlo bien».

Hay algunas orientaciones prácticas aquí y allá, pero incluso estas carecen de profundidad (y, sinceramente, su lectura no resulta muy estimulante). En esta guía he recurrido a mi formación tradicional y mis años de experiencia docente para para abordar el mindfulness desde un enfoque práctico y directo, incluyendo una variedad de

---

* N. del T.: Generalmente conservamos el término *mindfulness* sin traducir, aunque en ocasiones utilizamos las expresiones 'atención plena', o 'conciencia plena'.

opciones que tienen en cuenta la diversidad de personalidades y de estilos de vida.

La primera vez que me senté en una clase de meditación, siendo adulto, me sorprendió que todo el mundo en la sala parecía sentirse totalmente cómodo. Yo tenía dieciocho años y me hallaba luchando con una drogadicción. Había encontrado un grupo de personas que rezumaban una especie de serena aceptación, algo que para mí era como un sueño. En esos momentos, mi experiencia casi constante era de estrés, caos y sufrimiento. No sabía qué buscaba, pero sabía que quería sentirme como esas personas parecían sentirse.

Cuando un año después senté la cabeza, me sumergí impulsivamente en la práctica de la meditación y de mindfulness. Me involucré con una comunidad local de meditación y empecé a observar de qué modo había estado provocando mi propio dolor y mi propio sufrimiento. Como todo el mundo, he tenido experiencias dolorosas en mi vida. Algunas fueron causadas por mi propia conducta; otras escapaban a mi control. Mi primer gran descubrimiento se produjo cuando me di cuenta de que mis *reacciones* a esas experiencias me causaban más dolor que la propia experiencia.

Conforme fue pasando el tiempo, mi práctica meditativa se convirtió en una parte cada vez más importante de mi vida. Con diecinueve años, como no tenía mucho dinero, me apunté a un retiro de meditación silenciosa en el sur de California en el que no había un precio fijo, sino que se aceptaban donativos. Durante diez días seguí las instrucciones y me senté en silencio. Me sentí angustiosamente sobrepasado y poco preparado. Luchaba a diario con los pensamientos insistentes de irme cuanto antes y peleaba de manera constante con la incomodidad que sentía tanto en la mente como en el cuerpo. Aquello era realmente duro.

Pero cuando terminó el retiro me apunté inmediatamente al siguiente, que estaba programado para unos meses más tarde. Aunque nunca experimenté un momento de «iluminación», *algo* siguió llevándome hacia la práctica. Desde entonces he asistido a diversos retiros al año, desde aquellos que duraban una semana hasta los que duraban un mes.

La disciplina nunca ha sido una de mis fortalezas. Me costó mucho esfuerzo empezar a meditar con regularidad, pero conforme pasaban los meses y los años comencé a notar que los beneficios de la práctica se ponían de manifiesto en mi vida diaria. Desde luego, todavía surgía rabia, ansiedad, y perduraba el diálogo interno estridente. Pero me sentía capaz de hacer frente a esas experiencias con conciencia y paciencia, en lugar de hacerlo con sufrimiento y frustración. Aunque todavía tengo experiencias emocionales desagradables, ya no me siento tan fuertemente llevado de lado a lado por cada situación o cada pensamiento.

En 2014 tuve la oportunidad de dirigir algunos grupos de meditación en el centro budista Against the Stream ('contracorriente') en Santa Mónica, California. Solicité que fuese el grupo semanal de los domingos y formé parte de un asombroso equipo que enseñaba a un grupo de adolescentes. En 2015 dos de mis instructores me propusieron enseñar meditación en un programa en el *Spirit Rock Meditation Center*, uno de los centros de meditación más respetados de Occidente. Esto me ofreció la oportunidad de trabajar con instructores inspiradores, cultivar mi propia práctica y explorar lo que significa dirigir una comunidad de meditación.

Cuando abrí el centro de meditación *One Mind Dharma* en 2017, lo hice con un objetivo en mente: crear un espacio en el que todo el mundo pudiera venir e investigar su experiencia interna en un entorno seguro y acogedor. La comunidad ha hecho la mayor parte del trabajo, mostrando su vulnerabilidad y su honestidad, y mi papel como líder es en sí una poderosa ofrenda a mi propia práctica.

Cuando empecé a practicar, no entendía del todo qué me seguía empujando; simplemente tenía una ligera sensación de que el modo en el que había estado viviendo no funcionaba. Había estado luchando con todos los pensamientos, resistiéndome a mis emociones, y obsesionándome por experiencias pasadas y preocupándome por lo que haría en el futuro. Sin saber exactamente qué es lo que necesitaba cambiarse, en lo más profundo de mí sabía que tenía que haber un modo de vivir más sano.

Como tú, soy humano, no respondo de manera consciente en todo momento, cada día. Mi cerebro sigue con el piloto automático, me preocupo, me siento frustrado a veces. Actualmente, mi práctica consiste en observar estas experiencias, recordando que puedo elegir cómo responder. Antes de abrazar el mindfulness, me dejaba guiar por reacciones instintivas y habituales. Pero cuanto más cultivo el estar consciente, menos esclavo soy de mis fugaces pensamientos y emociones. En lugar de eso puedo darme cuenta rápidamente y presionar el botón de pausa, calmarme y manejar situaciones estresantes con confianza y tranquilidad. En cierto sentido, la práctica de mindfulness me ha devuelto mi libertad.

Mi intención más profunda es poner estas prácticas al alcance de todo el que busque un modo de vida diferente, más equilibrado. He visto a personas de todo tipo dirigirse al mindfulness buscando ayuda para la ansiedad, el sufrimiento y el dolor físico. Independientemente de *por qué* alguien llega a la práctica, por regla general todos tienen el mismo objetivo que yo tenía: encontrar un modo más sano de ser seres humanos.

Al comienzo de mi práctica, los libros que leí, los instructores que encontré y las clases que recibí constituyeron un mapa para comenzar. Sin esos recursos, me hubiera costado todavía más incorporarme a una práctica regular. Mi esperanza es que puedas utilizar este libro como tu propia guía. No puedo darte una clave secreta para alcanzar algún estado avanzado de conciencia plena; tu trabajo se basa en la curiosidad, la reflexión y, sí, un poco de esfuerzo.

Con una pequeña dirección, todos tenemos el potencial para vivir con mayor serenidad. Ojalá los ejercicios contenidos en estas páginas puedan ofrecerte un camino hacia la libertad en tu vida.

Mindfulness: claves elementales

CUANDO TENÍA CATORCE AÑOS, MI PADRE me dio una copia de *El milagro de mindfulness*, un libro del monje zen Thich Nhat Hanh. En ese momento yo estaba luchando con el trastorno bipolar y con la adicción, y el libro ofrecía una introducción sencilla a las prácticas de mindfulness, algo que mi padre pensó que podría ayudarme. En cuanto comencé a leer esas páginas y las prácticas que contenían me sentí atraído por la belleza y la simplicidad de la meditación mindfulness. Leía cada capítulo con atención, intentando comprender plenamente la idea de la conciencia plena. La lectura me introdujo al camino, pero nunca practiqué utilizando las herramientas que se ofrecían en el libro; me imaginaba que sus principios se infiltrarían en mi vida diaria de manera mágica. Esto tuvo lugar años antes de que comenzara a pasar a la acción y a ver los beneficios prometidos en el libro.

Aprendí, como lo harás tú, que vivir conscientemente (*mindfully*) requiere mucha práctica. No se empieza con una conciencia y una atención perfectas. Primero has de entender *lo que* estás haciendo, *por qué* practicas y *cómo* practicar realmente. A medida que aprendas acerca de las prácticas, intenta aplicarlas a tu vida cotidiana todo lo que puedas.

Mindfulness llama a la acción. Es una llamada también a la investigación personal.

En todo el mundo la gente lo descubre como una herramienta para ayudar en momentos de ansiedad, ira, tristeza y muchas otras experiencias difíciles por las que los seres humanos pasan. Esta antigua práctica ha evolucionado durante siglos y ahora es más accesible que nunca. Cada día comprendemos más cosas acerca de lo que significa estar atento y cómo esa atención plena impacta sobre el cerebro.

Al entender qué es mindfulness, cómo puede resultar beneficioso en tu vida y cómo comenzar, estás sentando las bases de una conciencia y un desarrollo profundos.

EN ESTE INSTANTE, EN CADA INSTANTE

Muy probablemente has oído la palabra *mindfulness* antes; aparece en las portadas de las revistas, se menciona en las clases de *fitness* y es promovida por líderes empresariales destacados como una herramienta para mejorar la productividad. No obstante, a medida que su práctica se ha vuelto más popular, el significado de la palabra se ha enturbiado. La gente puede animar a practicar mindfulness o a «estar presente», pero ¿qué implica esto exactamente?

Con frecuencia se describe simplemente como «estar en el momento presente». Sin embargo, esto es solo un aspecto de la práctica. Descansar en el momento presente es un aspecto importante —constituye el primer paso para llevar tu atención a lo que esté ocurriendo aquí y ahora, sea un pensamiento, una emoción difícil, una tarea que tenga que realizarse o la respiración— pero no es más que el comienzo. Al limitar tu definición de mindfulness a la práctica de simplemente estar presente, descuidas otros aspectos igualmente importantes.

Cuando vayas avanzando en los ejercicios de este libro, verás que los términos *práctica de mindfulness* y *meditación* se utilizan a veces indistintamente . La idea de sentarse en meditación, estando en silencio, puede producir pavor si nunca lo has hecho. Es importante comprender que la palabra *meditación* se refiere a cualquier momento en el que te esfuerzas sinceramente por estar consciente, atento. Esto puede ser en una práctica sentada o mientras lavas los platos. Recuerda que el mindfulness se practica no solo en el cojín de meditación, sino que puedes introducirlo en cualquier actividad diaria.

Puede entenderse de una manera más completa como estar presente con lucidez, sabiduría y amabilidad. ¿Es realmente útil si llevas tu atención al momento presente, juzgando y con rabia? Para construir una práctica de mindfulness sana y beneficiosa, es preciso cultivar varios comportamientos, actitudes y habilidades diferentes.

A medida que profundices en la práctica, probablemente descubrirás un caudaloso manantial de fortalezas personales y unos cuantos lugares en ti en los que hay espacio para crecer. Yo llamo a esos espacios los *precipicios* del crecimiento. Intenta no desanimarte por esos precipicios: todos nos asomamos a alguno a lo largo de nuestro camino. Reconocerlos y explorarlos es el modo de emprender el crecimiento. Cada uno de ellos te ofrece una oportunidad para reducir el estrés y el desasosiego en tu vida.

Nueve aspectos de la práctica de mindfulness

Si estás aquí es porque has tomado la decisión de empezar a investigar sobre mindfulness. Es un paso importante que debe ser reconocido y apreciado. Tómate un momento para darte una palmadita en la espalda.

Para comenzar tu viaje de comprensión de la práctica, echemos una ojeada a las diferentes habilidades que estarás cultivando:

- **Estar totalmente presente.** Este es el aspecto más básico y conocido de la meditación mindfulness, pero lleva un tiempo cultivarlo. Tendrás que convencer a la mente para que vuelva una y otra vez al momento presente cuando practicas. A medida que sigas entrenando la mente para estar presente, te irás encontrando más capaz de descansar, de manera natural, en la conciencia del momento presente.
- **Ver con claridad.** Este aspecto del mindfulness puede entenderse también como un reconocimiento de la experiencia que estás teniendo. Cuando aparece el dolor, puedes identificarlo como dolor. Cuando se presenta la ansiedad, la reconoces como ansiedad. Estás cultivando la sabiduría de ver con claridad lo que estás experimentando en el momento presente.
- **Abandonar todo juicio.** Puedes darte cuenta de que tu mente está etiquetando algo (un sentimiento, un

pensamiento, etc.) como bueno o malo, correcto o incorrecto, positivo o negativo. En la práctica de mindfulness puedes dejar ir todo juicio de valor. Cuando aparece un juicio, puedes recordar que no necesitas creértelo. Acepta lo que esté presente en la mente, incluso los sentimientos que descubras de «me gusta» o «no me gusta».

- **Ser ecuánime.** La ecuanimidad es la capacidad de permanecer equilibrado, especialmente en circunstancias difíciles o incómodas. Sea fácil o difícil la experiencia que estás teniendo, la energía y el esfuerzo que pones en ella pueden seguir siendo los mismos. De este modo generas una resiliencia interior aprendiendo a pasar por las situaciones difíciles con equilibrio y estabilidad.

- **Acoger todo lo que ocurra.** La vida contiene una variedad de experiencias, y puedes descubrirte invitando a algunas y rechazando otras. El monje inglés Ajahn Sumedho dice a menudo a sus estudiantes: «Acoge todo». Con mindfulness no necesitas excluir ningún pensamiento, emoción o experiencia. Presta atención a lo que surja y deja espacio para los momentos difíciles.

- **Cultivar la mente de principiante.** Cuando aprendes algo nuevo, te acercas a ello con curiosidad y ganas de comprender. Cuando vas creciendo en la comprensión del mundo que te rodea, puedes caer en la tendencia a poner el «piloto automático», creyendo que sabes exactamente cómo funcionan las cosas y qué estás haciendo. Para seguir una práctica sana de mindfulness, esfuérzate en cultivar la mente de principiante, observando las experiencias y las situaciones como si fuera la primera vez. Permanece abierto a nuevas posibilidades y mantente alerta para ver cuándo tu mente empieza a cerrarse.

- **Ser paciente.** La mayoría de la gente llega a la práctica de mindfulness y de meditación con un objetivo en mente. Quieren aliviar cierta ansiedad, aprender a gestionar las situaciones estresantes cotidianas o saber qué hacer con la ira. Está muy bien tener una intención, pero recuerda ser paciente; aferrarte a un resultado específico puede obstaculizar tu progreso. La paciencia exige una mínima confianza en la práctica, en tu instructor y en ti mismo. Mantén tu intención en mente y recuerda que el crecimiento lleva tiempo.

- **Hacer un amigo.** Mindfulness no consiste en autoflagelarse. La amabilidad es una parte esencial de la práctica; y eso comienza siendo amable *contigo mismo*. Sin amabilidad puedes ser reactivo e incapaz de ver con claridad. Al practicar, responde a tu experiencia con dulzura. Actúa como si tu mente fuese tu amiga, no una enemiga.

- **Honrarte.** No hace falta que tu mente esté muy clara, estar perfectamente en calma o ser un maestro de amabilidad para empezar a practicar mindfulness. Comienza allí donde estés y ante todo hónrate por estar aquí. Se trata de una *práctica*, no de una carrera. Nadie va a calificarte, y si te encuentras luchando, eso no significa que algo vaya mal. Sé auténtico contigo mismo y permite que haya espacio para tu crecimiento.

REDUCCIÓN DEL ESTRÉS BASADA EN MINDFULNESS

A la luz de la reciente investigación sobre los beneficios del mindfulness, los psicólogos y los médicos lo están incorporando en sus tratamientos, cada vez con mayor frecuencia. A finales de los años setenta del siglo xx, el profesor Jon Kabat-Zinn, del Centro Médico de la Universidad de Massachusetts, fundó el Programa de Reducción del Estrés Basado en Mindfulness (MBSR, por sus siglas en inglés).* Consiste en una serie de meditaciones y prácticas combinadas con la ciencia contemporánea. Ofrece métodos para reducir el estrés, ayudar a tratar la depresión y la ansiedad, y trabajar con el dolor físico. En los últimos treinta años, el MBSR se ha convertido en un programa de alcance mundial, con miles de instructores y de programas.

En los años noventa del siglo xx, surgió una ramificación de la Cognitive Behavioral Therapy (CBT) –terapia cognitivo-conductual–: la Mindfulness-Based Cognitive Therapy (MBCT), esto es, la terapia cognitiva basada en mindfulness, para ayudar a evitar la recaída en personas con tendencia a la depresión. Los terapeutas combinan la metodología de la CBT con prácticas basadas en mindfulness, para llevar la atención consciente a las ocasiones en las que juzgamos, nos autocriticamos y nos perdemos en el parloteo interior.

---

* N. del T.: En algunos textos y centros especializados también aparece como «Reducción del estrés basada en la atención plena (REBAP)».

Los psicólogos y otros psicoterapeutas han tenido éxito con las prácticas basadas en mindfulness en un buen número de individuos. La prevención de las recaídas basada en mindfulness se está empleando para ayudar a tratar la adicción. Las intervenciones con mindfulness han resultado efectivas en los casos de trastorno por estrés postraumático. Y el entrenamiento en la conciencia meditativa puede aumentar el bienestar psicológico general. A medida que el cuerpo de la investigación crece, lo hace también nuestra comprensión colectiva de la práctica y de todos sus beneficios potenciales. Estamos tan solo comenzando a rascar la superficie de cómo el mindfulness puede ayudar en contextos clínicos.

Los ejercicios que se hallan en las páginas siguientes ofrecen modos prácticos de ir construyendo estas cualidades. Puedes volver a estos nueve factores en cualquier momento de tu práctica y percatarte de en qué aspectos aún te queda espacio para crecer.

Cuando realicé mi primer retiro de meditación en silencio, me sorprendió algo que no dejaba de realizar mi mente: juzgar. Con la práctica supe que tenía que intentar comprender el juicio, no juzgarme por estar juzgando. El instructor de mi retiro me sugirió que practicase la amabilidad y el perdón hacia mi mente. La verdad es que luché con ello —perdonarse a sí mismo puede ser un reto para toda la vida— pero me comprometí a hacerlo. Años después, esta dulzura y amabilidad hacia la mente pensante constituye una parte esencial de mi práctica de mindfulness.

También tú experimentarás momentos difíciles en la práctica (y en la vida). Puede que necesites probar unos cuantos enfoques diferentes antes de descubrir qué es lo que mejor funciona para ti. Haz todo lo que puedas por permanecer abierto y recuerda perdonarte por no siempre tener la respuesta inmediatamente. A medida que sigas practicando, profundizarás en la comprensión de qué es lo que necesitas. Sabrás intuitivamente cuándo volver a la mente de principiante, cuándo practicar la amabilidad y cuándo estás perdiendo el equilibrio.

BENEFICIOS BASADOS EN LA INVESTIGACIÓN

Recuerdo cuando participé en un grupo de meditación en la adolescencia, y escuchaba a la gente compartiendo los beneficios que el mindfulness había aportado a sus vidas. Contaban historias de cómo les había ayudado durante los ataques de pánico, había frenado sus ataques de ira y les había estimulado a llevar un estilo de vida más compasivo. Cuando después hablaba con ellos, la alegría y el brillo de sus miradas era innegable.

Esto supuso un punto de inflexión en mi vida y en mi práctica. Vi que el mindfulness era una fuente de alegría interior y de bienestar en las vidas de otros seres humanos. Actualmente tenemos la suerte de disponer de un cuerpo de investigación clínica que apoya esta idea.

El mindfulness se ha enseñado durante dos mil años. Gente de todo el mundo ha utilizado sus prácticas y ha descubierto los beneficios personales que puede aportar. Vivimos en un mundo fascinante. A medida que la comprensión científica se ha desarrollado desde el siglo pasado, muchas de las mejores mentes del planeta están utilizando métodos modernos para comprobar la multitud de beneficios de la meditación mindfulness.

Beneficios del mindfulness

El mindfulness se ha estudiado en entornos clínicos utilizando tecnología de imagen cerebral o pruebas psicológicas detalladas. Aunque el campo de la investigación en mindfulness es relativamente nuevo, los equipos de investigación siguen encontrando evidencia física de las afirmaciones puntuales que los meditadores han hecho durante siglos. Muchos estudios hallan cambios en la conducta y en la actividad cerebral después de unas pocas semanas de práctica, y los participantes mantienen los efectos positivos hasta un año después de haber realizado un programa de entrenamiento basado en mindfulness.

Comprender la investigación puede reafirmarte en las razones por las que realizar esta práctica, y te permite vislumbrar alguno de los beneficios que podrías experimentar por ti mismo:

- **Reducción del estrés.** En 2010 un equipo de investigadores analizó los hallazgos de la década anterior y concluyeron que el mindfulness era efectivo para aliviar la ansiedad y el estrés. Esto era válido para todos los participantes en el estudio, se les hubiera diagnosticado, previamente o no, un trastorno de ansiedad o de estrés.
- **Mejora en el funcionamiento de la memoria y de la atención.** Una investigación en la Universidad

de California, en Santa Bárbara, ha hallado que el mindfulness ayuda a mantenerse concentrado y utilizar de forma más efectiva la información aprendida recientemente. Un hallazgo estimulante del estudio es que los participantes informaron de una menor dispersión mental después de tan solo dos semanas de práctica de mindfulness.

- **Beneficios físicos.** Los beneficios físicos del mindfulness están bien documentados. La investigación durante la década pasada ha hallado que la meditación regular puede ayudar a mejorar la digestión, a fortalecer el sistema inmunitario, a reducir la presión sanguínea, a que el cuerpo sane más rápidamente y a disminuir la inflamación. ¡La meditación no solo tiene que ver con cuidar tu mente!

- **Mejora el sueño.** Según el Departamento de Salud de la Universidad de Harvard, la investigación muestra que la práctica de mindfulness puede ayudar a conciliar el sueño y a mantenerse dormido. Independientemente de la hora del día a la que la realices, una práctica de meditación es probable que ayude en esto.

- **Solución creativa de problemas.** En un estudio de 1982, los investigadores descubrieron que la meditación puede ayudar a resolver problemas con mayor creatividad. Cultivar la quietud mental te ayuda a conseguir la habilidad de pensar de maneras nuevas, mirar los problemas desde una perspectiva diferente y avanzar más efectivamente hacia una solución. Como una consecuencia derivada, esto puede ayudar también a gestionar el estrés en la familia, en el trabajo y en la vida cotidiana.

- **Menos sentimientos de soledad.** La soledad se correlaciona con deficiencias en la salud. En un estudio de la Universidad de California, en Los Ángeles, los participantes experimentaron una menor soledad después de solo ocho semanas de practicar mindfulness. Esto fue así, estuvieran los individuos realmente solos o rodeados de un grupo de amigos. No solo eso, sino que quienes practicaban mindfulness solos también experimentaron más sentimientos de conexión y de satisfacción interior. Y en enero de 2018, tras una prolongada investigación sobre la soledad en el Reino Unido, la primera ministra británica, Theresa May, incluso llegó a crear un Ministerio de la Soledad.

- **Mejora de la autoestima.** ¡Tantos de nosotros luchamos con esto! Se ha demostrado una y otra vez que la práctica de mindfulness aumenta la autoestima, traspasando las barreras culturales. Puede ayudar a mejorar la imagen de tu cuerpo, el sentido de la propia valía y la satisfacción general respecto a ti mismo.

- **Regulación del estado de ánimo.** Aunque el mindfulness no es sustituto de una atención clínica adecuada, sí que proporciona una forma poderosa de ayudar a regular los trastornos y problemas del estado de ánimo. *Si estás pasando por un período de depresión, ansiedad o cambios en el estado de ánimo, el mindfulness puede ayudarte con ello.* Los investigadores han observado que el mindfulness ayuda a estabilizar los estados de ánimo tanto en quienes han recibido un diagnóstico de trastornos del estado de ánimo como en quienes no lo han recibido.

LOS PUNTOS PRINCIPALES DE LA PRÁCTICA

No necesitas nada especial ni nada «extra» para cultivar el mindfulness en tu vida. Generalmente, lo más difícil es empezar, pero con el tiempo se vuelve más fácil a medida que descubres qué es lo que mejor funciona para ti y tu estilo de vida. Al practicar, presta atención a lo que te parece más fácil, suave y «adecuado», y lo que provoca fricción y resistencia.

Utiliza las prácticas de este libro, las sugerencias para comenzar y tu intuición como ayudas para construir tu propia práctica. En mis años de enseñanza he oído hablar de muchas maneras de empezar, y cada una es siempre ligeramente diferente a las demás, cada una personalizada para cada individuo.

He aquí unas cuantas cosas que puedes hacer para ayudar a ponerte en marcha hacia el mindfulness.

Establecer una práctica

Cuando acababa de llegar a la meditación, luchaba intensamente con la práctica; lo sentía como una obligación. Pero al ir practicando más regularmente, se convirtió en un hábito. Incluso comencé a *esperar* mis momentos de práctica a lo largo del día. A medida que los beneficios comenzaron a mostrarse en mi vida diaria, mi confianza y mi interés en el mindfulness crecieron, y la práctica se volvió más fácil y disfrutaba más de ella.

Todo lo que te exige es constancia y un poco de esfuerzo. A continuación, vienen los elementos fundamentales con los que trabajarás mientras desarrollas tu práctica de mindfulness:

- **Buscar tiempo para meditar.** Con tu abarrotado programa diario puede parecer imposible encontrar el momento de meditar. En mi experiencia al trabajar con individuos de todo el mundo, este es un reto común, y aun así no cabe duda de que puedes encontrar tiempo para practicar. La clave está en hacer que se convierta en una prioridad. Algunas de las cosas que ayudan son: reservar un momento específico para la práctica, despertarse unos minutos antes de lo habitual o poner un recordatorio en la agenda para practicar por la tarde. No tienes que lanzarte directamente a estar treinta minutos al día; comienza con cinco.
- **Crear un espacio para practicar.** Quizás tengas que esforzarte por hallar el lugar correcto para practicar. Recuerda que esto puede hacerse, literalmente, en cualquier lugar. Abandona la idea de que hay lugares «perfectos» o lugares «malos». También puedes crear un espacio dedicado a meditar: se trata de encontrar una zona de tu casa que esté al menos relativamente silenciosa y permita que te relajes. Si tu despacho o tu lugar de trabajo es demasiado caótico, intenta practicar en tu coche antes de entrar allí. También puedes utilizar los espacios públicos, como playas, parques y carreteras tranquilas (si te encuentras cómodo haciéndolo en ellos).

- **Establecer una intención.** No estarías aquí si no hubieras tenido alguna intención en tu mente. ¿Por qué estás interesado en hallar un modo de vida más consciente? Sea cual sea tu respuesta, seguro que te ayuda a recordar esta intención más profunda, conectándote con aquello que te mueve. La mente puede intentar convencerte de que no sigas o de que no tienes tiempo para meditar. Luchar contra estos pensamientos a menudo resulta inútil. En lugar de eso, vuelve a llevar la mente a tu intención más profunda. Recuerda lo que realmente te importa.

- **Fomentar cierta constancia.** Las prácticas de este libro presentan oportunidades para investigar el mindfulness de muchas maneras diferentes en tu vida. Trata de utilizar al menos una cada día, manteniendo siempre presente tu intención de realizar tu práctica. Practicar con regularidad te ayuda a entrenar la mente de manera eficaz. Al practicar cada día, creas el hábito de forma bastante rápida. Es como ir al gimnasio: si vas una vez al mes, probablemente no notarás los resultados demasiado rápido. Pero si vas dos veces a la semana, todos esos pequeños períodos de ejercicio se suman y te vuelves más fuerte. El mindfulness es una práctica acumulativa; el músculo mental se pone más en forma a medida que sigues entrenándote.

- **Encontrar un amigo.** El apoyo social puede ayudar mucho a la hora de estimular nuevos hábitos. Prueba a pedir a un amigo o a un miembro de tu familia que practique contigo una vez al día. Esto te proporcionará un sentido de responsabilidad hacia otra persona, y una motivación externa siempre ayuda. Así tendrás también la oportunidad de hablar con alguien sobre tu experiencia, algo que os ayudará a ambos mientras avanzáis en la práctica.

- **Escribir un diario.** Comienza un diario centrado específicamente en tu práctica de mindfulness. Después de tu práctica de cada día, toma unas cuantas notas. ¿Cómo ha ido la práctica? ¿Ha surgido algo nuevo o interesante? ¿Cómo te sientes? El hecho de escribir tu experiencia puede ayudarte a comprenderlo con más claridad y a arraigar en la mente los hallazgos de cada práctica para así tenerlos presentes en el futuro. Yo todavía vuelvo a mirar mi primer diario de meditación de vez en cuando, y me encanta ver el progreso que he hecho con los años.

«Mindfulness consiste simplemente en ser consciente de lo que está ocurriendo en el momento presente sin desear que sea diferente; disfrutar aquello que es agradable sin aferrarse cuando cambia (y lo hará); estar con lo desagradable sin temer que siempre vaya a ser así (y no lo será)».

–James Baraz, *Awakening joy: 10 Steps That Will Put You on the Road to Real Happiness* [El gozo de despertar: 10 pasos que te situarán en la carretera hacia la verdadera felicidad]

OBTENER EL MÁXIMO PROVECHO DE ESTE LIBRO

Este libro te servirá como una guía para la práctica, ofreciéndote dirección en tus comienzos. Personalmente utilizo todas las prácticas que se describen en él y he visto cómo beneficiaban a mis muchos estudiantes. Puede que encuentres algunos ejercicios o prácticas más útiles para ti que otros. Permanece abierto, probando para ver cómo te llega cada práctica.

Los ejercicios se ofrecen en tres partes: 1) ejercicios básicos de mindfulness, 2) mindfulness cotidiano y 3) estados de ánimo conscientes. En cada parte, los ejercicios comienzan de manera breve y simple. A medida que avanzas, las prácticas estarán basadas en ejercicios anteriores y exigen un poco más de tiempo. Recomiendo empezar cada sección desde el principio y darte tu margen para dominar las prácticas más simples antes de pasar a las siguientes.

Si eres principiante, te recomiendo comenzar primero con los ejercicios básicos de mindfulness, independientemente de cuáles sean tus preocupaciones. Esta parte detalla las prácticas fundamentales, y volverás a ellas de vez en cuando a lo largo de tu práctica.

Unas palabras sobre la meditación: la mayoría de la gente oye el término *meditación* y se imagina a un yogui piadoso sentado inmóvil durante horas sin fin, con una mente completamente vacía. Si bien la meditación sedente es ciertamente una parte importante de la práctica de mindfulness, es importante tener en cuenta que *todo* ejercicio de mindfulness que hay en este libro es una forma de meditación, y hay muchos de ellos que no exigen que dejes todo lo que estés haciendo y te sientes en silencio con los ojos cerrados. Hay varias prácticas más complejas, diferentes herramientas para utilizar durante tu vida diaria y muchos ejercicios que se realizan con los ojos abiertos. Al incorporar durante el día tanto la meditación formal como los ejercicios en la actividad, puedes establecer las bases para una rica práctica de mindfulness.

Atender tu cuestión prioritaria

El mindfulness y la meditación son herramientas beneficiosas para casi todo el mundo, y más allá de cuál sea tu preocupación principal, incorporar estas prácticas en tu vida tendrá un efecto positivo sobre tu bienestar general. Dicho esto, es posible centrar tus esfuerzos en una cuestión específica, y así es como he dividido las partes de este libro.

Si tienes una dificultad concreta a la que estés haciendo frente ahora, siéntete libre para saltar hasta esas prácticas y esas secciones específicas. Puedes seguir los ejercicios en el orden que he propuesto o ir haciendo aquellos que más te llaman la atención o que encajan mejor en tu estilo de vida o tu horario.

¿CÓMO SÉ QUE ESTÁ FUNCIONANDO?

Las primeras veces que medites quizás no sientas que sea muy relajante. Es increíblemente difícil sentarte en silencio y observar tu mente, sobre todo cuando empiezas.

Como cualquier otro hábito nuevo, se tarda un tiempo en ver los resultados. Se dice que es una *práctica* porque no consiste en llegar a un objetivo en concreto, como cruzar la línea de meta o cocinar todas las recetas de tu libro de cocina favorito. El mindfulness no es una solución rápida; si tú quieres, puede acompañarte el resto de tu vida. A medida que progresas, observa los momentos de mindfulness, de atención plena, que comienzan a surgir día a día. Puedes también sintonizar con cualquier deseo y ver si obtienes resultados (o si se produce una «cura»), e intentar ver estos con curiosidad, en lugar de hacerlo con impaciencia. Las primeras fases de tu práctica te ayudarán a aprender a soltar y a confiar en el proceso.

- **Aliviar la ansiedad y el estrés** (ver el ejercicio 51, *Calmar el cuerpo*, página 173 y el ejercicio 55, *¿Qué es esta emoción?*, página 182).
- **Enfriar la ira** (ver el ejercicio 56, *Enfriando el fuego*, página 185).
- **Trabajar con el dolor** (ver el ejercicio 57, *Sonreír*, página 188).
- **Gestionar la depresión** (ver el ejercicio 61, *Corazón tierno hacia los otros*, página 197; el ejercicio 63, *RAIN*, página 203, y el ejercicio 65, *Tú puedes manejarlo*, página 208).
- **Alimentación, ejercicio y salud** (ver el ejercicio 29, *Cocinando con claridad*, página 125; el ejercicio 31, *Fregar los platos*, página 129; y el ejercicio 35, *Colorea tu mundo*, página 137).

Haz crecer tu práctica

Las prácticas contenidas en este libro tienen una duración de entre cinco y veinte minutos o algo más. Una vez empieces el viaje, date permiso para realizar los ejercicios más largos. A medida que domines las técnicas más breves y sencillas, tu entendimiento y tu intuición se irán desarrollando y podrás pasar a algunos de los de mayor duración. Se trata de un sendero de crecimiento. Ten paciencia contigo mismo y haz los ejercicios a tu propio ritmo. Te animo a experimentar con todos ellos, para que puedas probar los distintos modos de cultivar la conciencia plena.

Amplía tu campo de experiencia

Al ir avanzando en el libro, te enfrentarás a algunos retos y dificultades. Algunos ejercicios los harás de manera natural y fácil; otros pueden presentar algunas dificultades y requerir más tiempo y un esfuerzo mayor. Recuerda: tú puedes. Tal vez en algunos momentos dudes de ti mismo, pero a veces el crecimiento te saca de tu zona de confort. Estas prácticas pueden empujarte de manera amorosa a profundizar más. Está bien experimentar miedo, dudas o juicios. No importa. Sigue avanzando con tu práctica.

Practicar regularmente

Estés realizando ya una meditación o no, practicar unos minutos de mindfulness durante el día siempre es beneficioso. Incorpora una práctica cada día. Esa constancia estimulará la creación de un hábito y ayudará a profundizar tu práctica. Si tienes una jornada muy ajetreada, busca en el libro un ejercicio breve; y recuerda, los largos no son mejores que los cortos: cualquier práctica es una buena práctica. Los ejercicios de cinco minutos resultarán especialmente útiles mientras tu práctica va creciendo. Ayudan a que vuelvas a centrarte cuando comienzas a dispersarte y pueden ser un excelente modo de reconectar con tu intención original.

Perdona la frustración

Siempre que aprendes algo nuevo, es natural frustrarse. No aprendes tan rápidamente como te gustaría, das tres pasos hacia delante y dos hacia atrás, o bien olvidas la práctica por completo algún día. No ser «bueno» en algo es frustrante: por eso el perdón y la mente de principiante son partes tan importantes del viaje. El sendero hacia el mindfulness no es una carretera recta, de una sola dirección. Hay viento, hay señales de *stop*, y puedes encontrarte haciendo un giro que no esperabas. Vuelve al perdón y a la curiosidad tantas veces como haga falta.

Los ejercicios que vienen a continuación te ayudarán a explorar tu propia experiencia. La claridad será cada vez mayor. Aprenderás a responder con amabilidad. Pero no estarás introduciendo nada del exterior de ti mismo. Los ejercicios funcionan cultivando lo que ya posees. En tu propia mente y en tu propio corazón están las semillas de la amabilidad, la paciencia, la sabiduría y el darte cuenta. Riega las semillas y observa cómo florecen.

DEFINICIONES

Los siguientes términos son muy frecuentes en los ejercicios:

Bondad amorosa: la práctica y la cualidad de preocuparse por el bienestar de los otros. La bondad amorosa es una apertura del corazón, encontrarse con los demás con amabilidad. A veces se denomina también *metta*.

Enganchado y desenganchado: estar enganchado es cuando nos implicamos en una experiencia y perdemos el poder de elegir cómo responder. Desengancharse es el acto de liberarse de la experiencia y volver a ser consciente.

Experiencia del presente: cualquier cosa que nos ocurra en el momento presente. La experiencia del presente es lo que surge en nuestra experiencia instante a instante. Es siempre cambiante, llena de diferentes estímulos y constantemente presente.

Mantra/Frase: hay frases y mantras que se utilizan en algunas prácticas como objeto de la atención. Una frase o mantra es una afirmación sencilla empleada para cultivar una intención, es también una herramienta para permanecer centrado en un objetivo.

Meditación: meditación es simplemente el acto de dedicar un tiempo a desarrollar una cualidad de la mente o del corazón, a menudo en silencio. Aunque generalmente se realiza como práctica sedente, también puede hacerse caminando, lavando los platos o comiendo.

Mente de mono: el estado mental en el que la mente salta rápidamente de un sitio a otro, de manera similar a como un mono salta de rama en rama.

Precipicios del crecimiento: aquellos tramos en nuestro camino de crecimiento que nos empujan a un salto. A menudo se trata de momentos difíciles en los que luchamos, sin embargo, ofrecen una importante oportunidad de aprendizaje.

Puertas sensoriales: los seis sentidos principales a los que se tiene acceso en la práctica de mindfulness: el olfato, el gusto, el oído, el tacto, la vista y *el pensamiento*. Las puertas de los sentidos son aquellas a través de las cuales experimentamos cómo los fenómenos surgen y desaparecen.

Sistema nervioso parasimpático: la parte del sistema nervioso central responsable de la regulación, incluyendo la disminución de la frecuencia cardíaca, la relajación de los músculos y el aumento de la actividad glandular.

Tomar nota mentalmente: la práctica de decir mentalmente lo que estamos experimentando. Implica decir algo en silencio en nuestra mente. Nos ayuda a ver con claridad sin engancharnos a ello.

Tono afectivo: la experiencia de algo como agradable, desagradable o indiferente. Por ejemplo, el tono afectivo del gorjeo de un pájaro puede que sea agradable, mientras que el tono afectivo de una picadura puede que sea desagradable.

Ejercicios básicos de mindfulness

Mindfulness comienza aprendiendo a estar presentes. Las prácticas que se presentan en esta parte ofrecen métodos tradicionales sencillos de llevar la atención a la experiencia del momento presente; por ello recomiendo que los principiantes empiecen aquí.

Los ejercicios te ayudarán a cultivar la capacidad de estar aquí y ahora con paciencia, claridad y fuerza. Comentaré cómo volver a centrar la mente cuando divaga, cómo abandonar el hábito de juzgar y cómo responder con amabilidad. A través del esfuerzo, aprenderás a entrenar la mente en el arte del estar presente.

1

Encontrar la respiración

TIEMPO: 5 MINUTOS

El cuerpo está siempre respirando y la respiración se está moviendo constantemente. Tu respiración es no solo el mejor lugar por el que comenzar; es una constante a la que puedes volver siempre que necesites centrarte un poco.

En esta primera práctica se trata de hallar, con suavidad, la respiración en el cuerpo. No hay nada que descubrir, no hay problemas que resolver y no hay nada especial que tengas que hacer. Vuelve constantemente a tu experiencia directa del cuerpo que respira. Estás entrenando la mente a ser una con la experiencia, sin distracción.

PASOS

1 Busca una posición que le resulte cómoda a tu cuerpo. A menudo se recomienda sentarse, ya que ayuda a mantener el cuerpo despierto y energizado. Puedes probar también acostado bocarriba o de pie. Puedes sentarte en una esterilla de yoga, en un cojín de meditación o en una silla. Descubre lo que te resulta cómodo y sostenible durante unos minutos de quietud.

2 Permite con suavidad que los ojos se cierren. Si te sientes más cómodo con los ojos abiertos, intenta mirar con suavidad el suelo o el techo (depende de tu postura). Relaja los ojos y descansa mirando un punto. La idea es minimizar las distracciones en tu práctica.

3 Lleva tu atención al abdomen. Relaja los músculos de esa zona, comprueba si puedes percibir cómo sube y baja el abdomen. Imagina que es el propio cuerpo el que respira. Con cada respiración, observa desde el ombligo hasta los músculos oblicuos del abdomen. Haz unas cuantas respiraciones profundas.

4 Lleva tu atención al pecho. Al inspirar, fúndete con la expansión de los pulmones y el ascenso del pecho. Al espirar siente la contracción y el movimiento. Observa si puedes seguir la sensación de la respiración desde el comienzo de la inspiración hasta el final de la espiración.

5 Lleva la atención ahora a las fosas nasales. La sensación de la respiración puede ser más sutil aquí. Realiza una respiración profunda para ver de qué eres consciente. Puedes percibir un leve cosquilleo en la punta de la nariz cuando respiras. Y puedes notar que la respiración es más cálida al salir que al entrar.

6 Descansa tu atención en el cuerpo, respirando en uno de esos tres lugares. Cuando la mente divague, vuelve a llevar la atención a la experiencia directa de la respiración.

7 Una vez terminado este período de práctica, lleva esta conciencia a tu vida diaria. Mantente en contacto con la respiración de tu cuerpo para ayudar a que la mente siga presente.

LA MENTE ERRANTE

La mente es errática por naturaleza. ¡Incluso la de los meditadores más consumados! El cerebro se diseñó para procesar información; no hace más que realizar su trabajo. En lugar de verlo como un problema, míralo como una oportunidad para fortalecer tu atención plena. Intenta llevar perdón, curiosidad y paciencia a esos momentos, y en cuanto tu mente divague, llévala de nuevo a la respiración.

2

Puntos de contacto

TIEMPO: 5 MINUTOS

El cuerpo está siempre en contacto con algo, sea una silla, el suelo, tu cama o el aire que te rodea. Esto ofrece una poderosa manera de sintonizar con tu experiencia del momento presente. Puedes ser plenamente consciente de estos puntos de contacto en cualquier momento, en meditación o a lo largo de tu vida diaria. Generalmente es fácil percibir las sensaciones, y esto lo convierte en una práctica ideal para principiantes de mindfulness.

«Mindfulness es la aceptación consciente, equilibrada, de la experiencia presente. No es más complicado que eso. Consiste en abrirse al momento presente o recibirlo, sea agradable o desagradable, tal como es, sin aferrarse a él ni rechazarlo».

—Sylvia Boorstein, *Don't Just Do Something, Sit There: A Mindfulness Retreat with Sylvia Boorstein* [Simplemente no hagas nada, siéntate: un retiro de mindfulness con Sylvia Boorstein]

PASOS

1 Esta práctica puedes hacerla en cualquier posición, pero recomiendo probar sentado. Cierra los ojos y lleva tu atención a la postura corporal. Realiza cualquier pequeño ajuste que ayude al cuerpo a estar cómodo.

2 Comienza percibiendo los lugares en los que el cuerpo está en contacto con algo. ¿Puedes sentir el contacto entre tus pies y el suelo? Presta atención a la sensación física de los pies. No hay nada especial que hacer. Solo observa la sensación de los pies en este momento.

3 Continúa hasta que puedas sentir el contacto entre el trasero y la silla o el cojín. Percibe el contacto y la presión de la parte superior de los muslos en la silla. Permite que tu atención descanse ahí, observando atentamente cómo se siente tu cuerpo.

4 Lleva la atención a tus manos, dondequiera que estén colocadas. Siente los lugares en los que las manos están en contacto entre sí, ya sea en el regazo o descansando en las rodillas. Céntrate en cualquier parte de las manos que esté en contacto con otra cosa.

5 Ahora, observa dónde puedes percibir la sensación de la ropa sobre tu cuerpo. Puedes escanear tu cuerpo para ver dónde descubres esta sensación. Quizás lo más fácil sea percibir los lugares donde termina la ropa y la piel queda al descubierto, como los brazos, el cuello o los tobillos.

6 Finalmente, lleva tu atención a la sensación del aire sobre tu piel. Puedes notar que la temperatura del

PRIMERA PARTE

aire se siente de manera distinta en la palma que en el dorso de la mano. También puedes sentir el viento si estás sentado al aire libre. No hay nada correcto o incorrecto. Sé auténtico con tu propia experiencia.

7 Una vez terminada esta práctica, lleva la atención plena a esos puntos de contacto durante el día. Cuando te sientes, percibe cómo el cuerpo entra en contacto con la silla. Cuando te levantes, nota los pies sobre el suelo.

GESTIONAR SENTIMIENTOS ABRUMADORES

Al comenzar a investigar con atención plena tu cuerpo, puedes percibir varias sensaciones que atraen tu atención simultáneamente. Para ayudar a que tu mente siga concentrada, puedes utilizar una prueba mental o un mantra sencillo mientras observas un lugar específico del cuerpo. Por ejemplo, al enfocarte en los pies, piensa: «Pies, pies, pies». O, si crees que una orden funcionaría mejor (a veces es así), prueba a pensar: «Siente el pie, siente el pie, siente el pie». Une el ritmo de las palabras con tu inspiración y tu espiración. ¡Felicidades! Estás utilizando mantras: es así de sencillo.

3

El poder de la mente

TIEMPO: 5 MINUTOS

La mente es una herramienta poderosa. En la práctica de mindfulness aprendes a entrenarte y a trabajar con esta herramienta de una manera deliberada, centrada. Te permite jugar con el poder de tu mente, mostrándote cómo persuadirla de diferentes maneras. También serás testigo de los patrones de pensamiento auditivos y visuales.

Realiza esta práctica con alegría y curiosidad, e intenta no tomarte a ti mismo demasiado en serio.

PASOS

1 Para esta práctica necesitas cerrar los ojos. Concédete unos instantes para notar cómo el cuerpo está descansando. Mantén la columna vertebral lo más recta posible y permite que los músculos se relajen.

2 Con los ojos cerrados, trata de visualizar internamente la habitación o el lugar en el que estás sentado. ¿Puedes dibujar mentalmente en qué parte de la habitación está descansando tu cuerpo? Visualiza el suelo, las paredes y las puertas que tenga. Mira qué más puedes tener presente para reunir el lugar en tu mente.

3 Abandonando ya la habitación, visualízate en algún lugar tranquilo. Puede ser una playa, un bosque o cualquier cosa que sirva como tu «lugar de paz». Visualiza, del mismo modo, el espacio que te rodea. Intenta aportar todos los detalles que puedas.

4 Abandonando la visualización, recuerda una canción o una tonadilla que conozcas bien. Intenta escuchar en tu cabeza las palabras o la melodía.

5 Ahora utiliza la mente para cambiar la experiencia de oír la canción. Intenta quitar el volumen, para que la canción sea silenciada en tu mente. Sube un poco el volumen. Explora cómo vives el reducir el volumen o el subirlo.

6 Haz una pausa al final de esta práctica para reconocer el poder de tu propia mente. ¡Con un poco de esfuerzo puedes producir visualizaciones, interpretar música y modificar la experiencia de la manera que quieras!

PERDER LA CONCENTRACIÓN

Al meditar, puedes darte cuenta de que tu concentración se va perdiendo. A veces te perderás en un largo tren de pensamientos durante varios minutos, antes de darte cuenta de que lo has hecho. Cuando pierdas la concentración en cualquier momento de la meditación, vuelve a llevar la atención a lo último que recuerdes haber observado con atención plena, y si eso no funciona, vuelve a la respiración. Al percibir que la mente se dispersa tienes la oportunidad de entrenarla para que esté presente. Vuelve a tu práctica todas las veces que haga falta.

4

¿Quién está escuchando?

TIEMPO: 5 MINUTOS

En la práctica de mindfulness, el foco se pone generalmente en las sensaciones corporales y en los pensamientos de la mente. Sin embargo, sintonizar con tus otros sentidos puede facilitar un fuerte sentimiento de presencia y de consciencia. Igual que observaste la respiración en el primer ejercicio, puedes utilizar los sonidos que te rodean como objeto de tu atención.

Hay sonidos que van y vienen a lo largo de todo el día y ofrecen un punto focal consistente para tu atención plena. Independientemente de dónde vivas o cuál sea tu trabajo, es casi imposible eliminar todos los sonidos. Durante la meditación, explora la experiencia del escuchar. También puedes llevar esta práctica a tu vida, deteniéndote para escuchar con atención los sonidos en cualquier momento del día.

PASOS

1 Comienza buscando una postura cómoda y permitiendo que los ojos se cierren. Lleva tu atención a la respiración, pero en lugar de centrarte en la *sensación física* de la respiración, escucha el *sonido* del

cuerpo al respirar. Al inspirar y espirar por la nariz escucha atentamente cualquier ruido procedente de la respiración.

2 Abre tu conciencia a los otros sonidos presentes. Puedes percibir los sonidos de los coches que pasan, los del interior de tu casa o los procedentes de la naturaleza. Sintoniza con cualquier sonido que se haga presente.

3 Generalmente la mente reconoce lo que escucha. Cuando pasa un coche, inmediatamente sabes que es un coche. En lugar de identificar y definir lo que cada sonido es, intenta centrarte en la experiencia del escuchar. Imagina que tus oídos son micrófonos y limítate a captar los sonidos.

4 Cuando un sonido llame tu atención, céntrate en él durante unos instantes. Experiméntalo plenamente. Después, abre tu mente y escucha otros sonidos. Con esa escucha atenta, sigue oyendo, investigando y abriéndote.

5 Al final del período establecido, vuelve a la respiración durante un minuto. Sin forzarla, invita a la mente a que se concentre totalmente en el sonido de la respiración de tu cuerpo.

6 Al abrir los ojos y regresar a tu vida, mantén la conciencia de los sonidos que aparezcan a cada instante. Sé consciente del acto de escuchar a lo largo del día y permite que te lleven de nuevo a tu conciencia del presente.

SONIDOS QUE DISTRAEN

Durante los períodos de práctica o en la vida diaria, puedes sentir que algunos sonidos te distraen. Ruidos procedentes de la construcción, cantos de pájaros o gente que habla en voz muy alta pueden sacarte de la práctica. Cuando veas que te distraes, convierte el acto de escuchar en parte de tu práctica. Intenta eliminar todo juicio o crítica acerca de la procedencia del sonido e imagina que lo estás escuchando por primera vez. Mira si puedes prescindir del lenguaje y sus etiquetas del sonido puro y abstente de querer identificar inmediatamente la fuente del sonido. Percátate de cualquier aversión que surja, pero no te resistas a los sonidos que no puedas controlar.

5

Comer conscientemente

TIEMPO: 10 MINUTOS

Vamos ahora a abandonar la atención al cuerpo y a los sonidos y a dar un salto a los sentidos del gusto, el olfato y la vista, comenzando con la comida que tomamos. El celebrado monje vietnamita Thich Nhat Hanh ofrece estas palabras: «Establezcámonos en el presente, comiendo de tal manera que la solidez, la alegría y la paz sean posibles durante el rato que comemos». Comer es una oportunidad para alimentar tu cuerpo al mismo tiempo que alimentas tu práctica de mindfulness.

> «Este es el verdadero secreto de la vida: estar plenamente entregado a lo que estás haciendo aquí y ahora. Y en lugar de llamarlo trabajo, te das cuenta de que es un juego».
>
> —Alan Watts, *La esencia de Alan Watts*

PASOS

1   Puedes realizar este ejercicio en cualquier postura, pero conviene permanecer quieto mientras se come.

Esto minimiza los estímulos innecesarios y te ayuda a concentrarte en la experiencia. Puedes hacer el ejercicio con cualquier comida, aunque recomiendo comenzar con algo sencillo, como uvas, frutas del bosque o alguna de tus verduras favoritas.

2   Empieza asimilando la comida visualmente. Percibe los colores, las formas, los tamaños. Al mirar la comida, date cuenta del impulso que surge para comenzar a comer. No hay nada malo en tener hambre, pero permite que esos deseos vengan y se vayan. Vuelve a la contemplación de la comida.

3   A continuación, explora el olor. Algunos alimentos pueden tener aromas más fuertes que otros y quizás tengas que acercar la comida hasta la nariz. Vive conscientemente la experiencia olfativa. Cuando la mente comience a desear, simplemente vuelve al olor que hay ante ti.

4   Antes de comer, date un momento para apreciar la energía que se empleó en su producción. Las personas que han trabajado para producir este alimento y que llegase a ti. La naturaleza ha proporcionado los nutrientes, el agua de lluvia y el sol. Quizás alguien lo ha cocinado, limpiado o envasado para ti. Lleva a tu mente toda la energía de las diversas fuentes que se han reunido para poder crear esta comida.

5   Ahora, lentamente, toma la comida. Si utilizas algún cubierto, conecta con la experiencia del tacto al sentir el cubierto. Sé consciente de cómo percibes la comida o los cubiertos en tu mano. ¿Es esa comida dura o suave, está fría o caliente?

6 Al poner la comida en tu boca, percibe las ganas de masticar y tragar rápidamente. En lugar de eso, empieza por sentir la temperatura del alimento. Al tener el alimento en la boca, ¿puedes sentir su forma?

7 Cuando empieces a masticar, percibe la textura del alimento. ¿Cambia esa textura cuando sigues masticando? Percibe los sabores. Puede que te cueste hacer algo más que simplemente etiquetar lo que comes, como «es una frambuesa». Intenta profundizar un poco más. ¿Hay una mezcla de múltiples sabores? Presta atención al cambio de sabores mientras sigues masticando.

8 Al tragar el bocado, conéctate con la experiencia de tragar. ¿Qué sientes a medida que el alimento desciende por la garganta? Puedes percibir también el deseo de tragar pronto otro bocado. Detente y date cuenta de si hay algún sabor que permanezca en la boca durante un momento.

9 Puedes seguir comiendo así, recordándote hacerlo despacio y estando presente. Sigue observando lo que ves, lo que hueles, los sabores, los sentimientos y los pensamientos que surgen.

10 Cuando termines de comer, permítete sentir gratitud hacia el alimento que está nutriendo tu cuerpo. Relaja la mente en un estado de agradecimiento por la energía y la vida.

IMPACIENTARSE

Comer conscientemente es un ejercicio de paciencia y exige cierto autocontrol. Cuando intentas comer despacio, puede que te encuentres con un fuerte deseo de empezar a comer más rápidamente. Normalmente, la mayoría de nosotros empezamos a preparar el bocado siguiente mientras estamos todavía masticando el bocado anterior. La base del comer consciente es comer lentamente. Si sobreviene el deseo ansioso, simplemente detente, respira y ralentiza el proceso.

6

Escanear el cuerpo

TIEMPO: 10 MINUTOS

El escaneo del cuerpo constituye una práctica fundamental de mindfulness utilizada en muchas tradiciones. Esta práctica me la enseñó por primera vez un terapeuta, pero se encuentra también en distintas tradiciones budistas, en las prácticas de MBSR y en las clases de yoga. Al escanear el cuerpo logramos conocer los sentimientos que experimentamos más claramente. La mente aprende también a descansar en la experiencia del momento presente y a centrarnos en lo que tenemos ante nosotros.

PASOS

1   Si puedes, siéntate en una posición erguida y energizante. Permite que los ojos se cierren y realiza los ajustes menores que sean necesarios para estar cómodo. Realiza unas cuantas respiraciones profundas, llegando a la experiencia de la respiración en el instante presente.

2   Lleva la atención a la cima de la cabeza. ¿Qué puedes percibir físicamente ahí, en la parte superior de

la cabeza? No hace falta que te centres en nada, que imagines nada ni que hagas que suceda nada especial.

3   Ve descendiendo con tu atención hacia la frente. Puedes sentir la temperatura del aire en tu piel, alguna tensión o quizás la sensación sencilla, neutra, de la piel. Presta atención plena a cualquier cosa que sientas.

4   Dirige ahora tu atención a las mejillas y la mandíbula. Recorriendo el cuerpo de esta manera, descansa la atención, observando suavemente lo que percibas físicamente.

5   Conecta con la sensación que percibas en la nariz y el labio superior. Aunque puedes sentir muchas cosas distintas ahí, generalmente lo más obvio es la respiración. Experimenta la sensación del respirar en cada inspiración y cada espiración.

6   A continuación, dirige la atención a la boca, centrándote en la lengua, los labios y los dientes. Nota cómo la lengua está en reposo, la sensación de la saliva y cualquier movimiento de la boca.

7   Sigue recorriendo la parte superior del cuerpo de este modo. Dirige la atención lentamente al cuello y los hombros, y ve descendiendo por los brazos hasta las manos. Detente en cada parte del cuerpo durante unos instantes, observando con paciencia lo que percibes en el presente.

8   Lleva la atención por detrás, hasta los omóplatos, y recorre toda la espalda. Percibe la posición de la columna vertebral, los músculos de la espalda y cualquier expansión o contracción mientras el cuerpo respira.

9   Sintoniza con la parte delantera del tronco, comenzando por el pecho. Puedes sentir la ropa en el cuerpo o la respiración. Al seguir descendiendo hacia el abdomen y el estómago, puedes hacerte consciente de las sensaciones relacionadas con el hambre y la digestión.

10   Recorre conscientemente la pelvis y las caderas, descendiendo hacia las piernas y los pies. Nota los puntos de contacto, la sensación en las articulaciones y cualquier tensión que surja.

11   Cuando llegues a las puntas de los pies, ábrete para percibir el cuerpo en su conjunto. Permanece con la experiencia de tener un cuerpo, desde la cabeza hasta los dedos de los pies. Trata de sentir el contorno del cuerpo, la postura y los cambios sutiles cuando respiras.

EL ESCANEO CORPORAL AL IRSE A DORMIR: *el escaneo corporal es una de las prácticas más útiles que ayudan a inducir el sueño. Ya que es una práctica para la hora de acostarse, puedes hacerla echado en la cama. Comienza por los pies y sube a lo largo del cuerpo. Siente el contacto del cuerpo con la cama y céntrate en llevar a él cierta suavidad. Respira hacia cualquier punto de tensión que notes y relájate de manera natural. No te esfuerces por dormir o por relajarte. Intenta ir desde los pies hasta la cabeza con una conciencia amable.*

7

Cada respiración cuenta

TIEMPO: 10 MINUTOS

Bodhipaksa, autor y profesor budista tibetano, dijo sobre la concentración: «La concentración nos permite disfrutar verdaderamente de lo que hacemos, ya sea estar en el campo, leer un libro, escribir, hablar o pensar. La concentración nos permite pensar de manera más clara y profunda».

Al comienzo de la práctica la mente puede divagar un poco. La práctica de la concentración te ayuda a entrenar la mente para que pueda centrarse dándole algo que hacer. Igual que el mindfulness, esto lleva tiempo. Cuando la mente vagabundea, vuelves a traerla al centro. Con el tiempo, la mente aprenderá a centrarse y soltar los pensamientos que distraen.

PASOS

1 Busca una postura cómoda, sentado en una silla o un cojín. Que la columna vertebral esté recta, pero los músculos relajados. Repasa el cuerpo para comprobarlo. Deja caer los hombros, relaja los músculos del abdomen e invita al estado de relajación.

2 Nota dónde puedes percibir la respiración en el cuerpo. Puede ser en el abdomen, el pecho o la nariz. De momento, elige el lugar en el que más fácilmente la sientas. Descansa con las sensaciones de la respiración en ese lugar.

3 Comienza contando las respiraciones. Inspira y espira conscientemente y cuenta uno. Inspira, espira y cuenta dos. Sigue así hasta ocho, luego vuelve a empezar por uno.

4 Recuerda que el contar es una ayuda para la práctica, que ofrece a la mente algo extra en lo que centrarse. No es una competición ni una medida de lo bien que lo haces.

5 Cuando la mente divague, simplemente vuelve a la respiración. Retorna al número uno todas las veces que haga falta. Elimina todo juicio y abandona todo diálogo interno duro, crítico.

6 Continúa de ese modo, contando las respiraciones y cultivando la concentración. Cuando la mente se disperse, date cuenta de que está sucediendo eso. Cuando la mente esté concentrada, date cuenta también de que lo está.

7 Abre los ojos cuando hayan pasado diez minutos. Sigue viviendo tu día, consciente de cuándo tu mente vaga y cuándo está concentrada.

CAMBIANDO LA CUENTA

Hay muchos modos de practicar contando la respiración. La concentración es una práctica importante que ayuda a establecer una atención plena, a estar centrado durante la meditación y a estar más presente en la vida diaria. Mediante ligeros ajustes, puedes mantener esta práctica evitando que la mente se ponga en modo piloto automático. Intenta contar hasta ocho y luego vuelve al uno. O prueba a contar con cada inspiración y cada espiración: inspira y cuenta uno, espira y cuenta dos. También puedes cambiar el número hasta el que cuentas. Investiga por ti mismo lo que te resulta útil.

8

El cuerpo consciente

TIEMPO: 10 MINUTOS

Durante la práctica de mindfulness, especialmente cuando uno está comenzando, el cuerpo puede sentirse ansioso, inquieto o agitado. En este caso, puedes aprender a responder a esas sensaciones con compasión y amabilidad. En esta práctica, trabajarás para ofrecer amabilidad y compasión al cuerpo. Puedes utilizar este método de calmar el cuerpo durante la práctica de mindfulness, en diversas situaciones de tu vida diaria o en cualquier momento que notes que surgen las dificultades.

PASOS

1 Permite que los ojos se cierren suavemente y realiza los ajustes necesarios que ayuden al cuerpo. Al inspirar, siéntete en contacto con la columna vertebral. Al espirar, relaja los músculos. Haz unas cuantas respiraciones profundas siguiendo estas pautas para llegar a todo el cuerpo, invitar a la energía y facilitar la relajación.

2 Descansa durante unos momentos siendo consciente del cuerpo. Puedes emplear la práctica de observar los puntos de contacto o escanear el cuerpo para ayudar a estabilizarte. No fuerces la mente para que haga algo. Relájate en la atención al presente.

3 Conecta con tu intención de estar en calma. Aunque puede haber tensión, ansiedad o incomodidad en el cuerpo, reconoce tu deseo natural de que esté cómodo.

4 Comienza ofreciendo unas cuantas frases de bondad amorosa al cuerpo. Estas frases sirven como modo de conectar con nuestras propias intenciones de cuidarlo. Intenta decirlas lentamente, conectando con las palabras y su significado. Puedes intentar ofrecer una frase con cada espiración. Con la intención de cultivar el cuidado, ofrece estas frases:

Que mi cuerpo se sienta tranquilo.
Que mi cuerpo tenga salud.
Que me encuentre cómodo/cómoda con mi cuerpo.

5 Establece contacto con las partes específicas de tu cuerpo que llaman tu atención. Sea cual sea la parte que aparece, ofrécele unas cuantas frases de bondad amorosa.

6 Abre tu conciencia a cualquier parte del cuerpo que esté experimentando alguna dificultad o padezca algún dolor. Al reconocer la incomodidad, ofrece unas cuantas frases de compasión. La compasión es atender el dolor con un corazón tierno y abierto. Prueba a utilizar estas frases:

Que mi [parte del cuerpo] quede liberada del dolor.
Que pueda ocuparme de este malestar.
Que pueda estar presente en este malestar.

7 Después de unos instantes de permanecer consciente de la parte incómoda, abre tu conciencia de nuevo. ¿Dónde más sientes malestar? Ofrece frases de compasión también aquí.

8 Continúa con esta práctica tantas veces como sea necesario.

FRASES Y MANTRAS

Las frases que se utilizan en meditación constituyen un método para conectar profundamente con una intención. Son una especie de mantra, una frase que se repite, utilizada para ayudar a la concentración. Si decides experimentar con ellas, ten en cuenta que las frases tradicionales utilizadas en este ejercicio (y a lo largo de todo el libro) tal vez no te parezcan auténticas, y no pasa nada. Puedes, y deberías hacerlo, crear una frase que a ti te parezca sincera y tenga que ver con tu experiencia personal. Yo a veces digo «esto apesta», cuando es todo lo que honestamente puedo decir. También me gusta la frase: «Te amo, sigue adelante». A medida que practiques, lleva tu atención a las frases mientras las dices en silencio en tu mente. Si estás en un lugar en el que puedes hacerlo, también puedes intentar decirlas en voz alta. Experimenta con diferentes palabras para ver cuáles te parecen más adecuadas, cariñosas y auténticas.

9

Dar y recibir

TIEMPO: 10 MINUTOS

La respiración puede servir de ayuda a tu práctica de muchas maneras diferentes, entre ellas actuar como un vehículo hacia la paz y la aceptación. Esta práctica se denomina *tonglen*, palabra tibetana que significa 'dar y recibir'. En esta meditación trabajas con la respiración para ayudar a cultivar el cuidado y la bondad amorosa hacia ti mismo y hacia quienes te rodean. Es una práctica tanto de mindfulness como de compasión. A medida que realices este ejercicio, date cuenta de cualquier resistencia que surja. Cuando la mente divague, vuelve a llevar la atención a la respiración.

«La práctica de *tonglen* comienza a disolver la ilusión de que cada uno de nosotros está solo con este sufrimiento personal que nadie más puede compartir».

—Pema Chödrön

PASOS

1   Cierra los ojos suavemente y lleva la atención al momento presente. Date cuenta de dónde estás. ¿Qué puedes sentir en tu cuerpo? ¿Qué puedes oír? ¿Dónde estás? No tienes que hacer más que observar tu experiencia presente en este momento.

2   Lleva tu atención a un lugar del cuerpo en el que puedas sentir la respiración. Para esta práctica, hacerlo en el pecho funciona bien. Permanece consciente de la respiración durante un minuto, percibiendo cómo las inspiraciones y las espiraciones van y vienen.

3   Empieza el dar y recibir con una intención de autoaceptación. Al inspirar, visualízate respirando aceptación. Al espirar, abandona todo juicio. Respira de este modo durante unas cuantas respiraciones profundas.

4   Comienza ofreciéndote paz y tranquilidad con cada inspiración. Con cada espiración, abandona el estrés y la ansiedad. Puedes intentar visualizar una luz relajante al inspirar, y al espirar sueltas la oscuridad del estrés.

5   Ahora inspira y ofrécete perdón a ti mismo. No necesitas entrar en racionalizaciones de ningún tipo acerca de esto, simplemente establece la intención de perdonarte. Al espirar, abandona todo resentimiento.

6   Dejando el perdón y el resentimiento, imagínate rodeado por personas a las que amas. Vuelve a la primera parte del trabajo con la aceptación y el juzgar, pero esta vez dale la vuelta. Al inspirar, absorbe el dolor de

los otros que se juzgan a sí mismos. Al espirar, ofrece aceptación a tus seres queridos.

7   Sigue inspirando el estrés y la ansiedad de los otros, y da serenidad y paz mientras espiras. Deja espacio para su estrés, pero no lo tomes tú. Recibiendo, no haces sino reconocer con compasión que otros también tienen experiencias difíciles.

8   Finalmente, inspira y sintoniza con los resentimientos que esas personas tienen hacia sí mismas. Espira e irradia perdón hacia ellas.

9   Después de diez minutos, deja que los ojos se abran con suavidad. Permite que el cuerpo recupere su respiración normal. Recuerda que puedes volver a esta práctica en cualquier momento del día.

AJUSTA LA PRÁCTICA: *hay muchas maneras de utilizar esta práctica. Trata de elegir distintas experiencias difíciles y cualidades cariñosas que ofrecer. Puedes trabajar también con cualquier cosa que surja. Si te das cuenta de que surge el juzgarte a ti mismo, utilízalo. Inspira y reconoce que estás experimentando el autojuicio. Espira y ofrece el deseo de que todos los demás estén también libres de juzgarse a sí mismos. Esto puede ayudarnos a no perdernos en nuestro sufrimiento o nuestra dificultad.*

10

Conciencia del cuerpo

TIEMPO: 10 MINUTOS

El escaneo corporal que has practicado antes (ejercicio 6, «Escanear el cuerpo») es una preparación útil para este ejercicio. En lugar de recorrer el cuerpo descansando en partes específicas, ahora se trata más bien de una atención abierta que establece la base para sentir las emociones en él y responder con compasión. Igual que en el escaneado del cuerpo (o cualquiera de estas prácticas) puedes volver a él en cualquier momento.

PASOS

1 Busca una postura de meditación que sea cómoda. Puedes realizar esta práctica estando acostado, pero si ves que te cansas o te duermes, siéntate, con la espalda erguida, mientras meditas.

2 Observa en qué partes del cuerpo puedes sentir la respiración. Elige un lugar en el que la sensación de la respiración sea más fuerte y concentra la mente en esa parte. Puedes utilizar un mantra sencillo, como: «Dentro, fuera». Durante el primer minuto, más o

menos, permite que la mente se vaya estableciendo en la práctica.

3   Expande esa conciencia a todo el cuerpo. Desde la cabeza hasta los dedos de los pies, reconócelo cuando algo llame tu atención. No hace falta que busques nada especial. Espera pacientemente, unido a la respiración, a que emerja alguna sensación en tu cuerpo.

4   Cuando algo pase a primer plano, observa lo que sientes. Puede ser útil emplear una etiqueta de una sola palabra, que indique dónde tiene lugar la sensación. Por ejemplo, toma nota mentalmente de «rodilla», cuando sientas un dolor en la rodilla, o «pecho» cuando percibas la sensación de respirar en el pecho. No etiquetes *qué* sensación es, sino *dónde* se experimenta.

5   Atiende a esa sensación durante unas respiraciones y vuelve al lugar del cuerpo en el que estés centrando la respiración. Sigue observando la respiración hasta que aparezca otra sensación.

6   Mantén esta práctica de alternar entre la respiración y otras sensaciones corporales. Cada vez que tu atención es atraída hacia otra parte del cuerpo, permanece unos momentos con ella antes de volver a la respiración. Ve conociendo tu cuerpo y explora sus experiencias con curiosidad.

AÑADIR A LA PRÁCTICA: *si quieres añadir algo a esta práctica, comienza con un escaneo corporal antes del paso 3 de este ejercicio. Esto puede relajarte y ayudarte a sintonizar más con tus sensaciones corporales.*

DOLOR EN EL CUERPO

Si tienes un dolor o una incomodidad importante en el cuerpo, puede que siga atrayendo tu atención. Sin importar cuántas veces intentes retomar tu atención, esta se ve llevada de nuevo a ese lugar doloroso. Cuando ocurra eso, escucha. Quizás esta zona necesite cierta atención amorosa. Trata de observar el dolor con mente de principiante. Cambia a una frase de compasión hacia tu cuerpo, incluso algo simple, como: «Está bien».

11

Cuida tus pasos

TIEMPO: 10 MINUTOS

La meditación mientras se camina es una práctica común en muchas tradiciones budistas, pero en la cultura meditativa occidental hace mucho que se ha perdido. El aclamado instructor budista Jack Kornfield dice: «El arte de meditar mientras se camina consiste en aprender a estar consciente mientras andas, utilizando el movimiento del caminar para cultivar la atención plena y la presencia despierta». Del mismo modo que llevas la atención al cuerpo que está sentado en meditación, puedes llevarla al cuerpo en movimiento.

PASOS

1   Para practicar meditación mientras caminas, comienza buscando unos cinco metros de espacio. Puedes caminar dentro de tu casa, en tu patio o en cualquier otro lugar en el que tengas una distancia suficiente.

2   Permanece quieto durante un momento y cierra los ojos. Siente la postura del cuerpo, los pies en el suelo y cualquier movimiento que experimentes.

3   Abre los ojos. Decide qué pierna dará el primer paso. Al levantar el pie, siente cómo la planta pierde el

contacto con el suelo. Moviéndolo hacia delante, observa la sensación del pie al volver a establecer contacto con el suelo.

4 Levanta el otro pie y permanece atento a la experiencia con la misma conciencia. Recuerda que esta es tanto una práctica de mindfulness *como* una práctica para cultivar la concentración. Cuando la mente divague, vuelve a llevarla a los pies.

5 Camina cuatro o cinco metros y da la vuelta conscientemente. Nota cómo las caderas, las piernas y el tronco se ajustan para girar el cuerpo. Camina despacio, dando un paso cada tres o cuatro segundos.

6 Puedes probar a incorporar una sencilla práctica de anotar mentalmente, o decir verbalmente, lo que percibes, como si fuera un mantra. Cuando levantes el pie, piensa (o di): «Levantar». Al adelantarlo, piensa: «Mover». Al apoyarlo, piensa: «Colocar».

7 Cuando el tiempo dedicado a la práctica haya transcurrido, quédate quieto durante unos momentos. Al salir de la meditación y volver a la vida cotidiana, puedes mantener algo de esta atención plena al cuerpo.

SIGUE TU PROPIO CAMINO

Puedes realizar esta práctica descalzo o con zapatos. Cualquiera de las dos maneras es correcta; tan solo observa lo que funciona para ti. Si tienes idea de practicar durante un período más largo, intenta incorporar la conciencia de otras partes del cuerpo. Presta atención a los músculos de las piernas, o a las caderas, o percibe cómo trabajan los músculos abdominales. Cuando la mente comience a dirigirse a otra cosa, date cuenta de adónde ha ido. Si piensas, anota: «Pensar»; si algo atrae tu mirada: «Ver»; si te distrae un sonido: «Oír». Para estimular el hábito del caminar consciente, empieza a sintonizar con la experiencia del caminar durante tu vida diaria. Siente los pies cuando caminas hacia el autobús o hacia tu coche, en tu lugar de trabajo o en tu casa. Camina lentamente: el caminar más despacio exige una mayor concentración. Cuando te descubras acelerándote, utilízalo como una señal para ir más despacio y volver a la práctica.

12

Cuidando de ti mismo

TIEMPO: 10 MINUTOS

La práctica de *metta*, o bondad amorosa, puede ayudarte a responder a tu mente de manera amable. Desafortunadamente, nuestros pensamientos no siempre hacen lo que nosotros queremos que hagan, y el cuerpo puede sentir incomodidad. La meditación de la bondad amorosa nos anima a aproximarnos a esas experiencias con un corazón cuidadoso y amable. Esto nos ayuda a ver más claramente en nuestra práctica y en nuestra vida diaria. En la práctica de la bondad amorosa, no estás invitando a algo que proceda de fuera de ti mismo; estás sintonizando con la capacidad de cuidar y de amar, que se halla presente ya en tu corazón.

«Tu tarea no es buscar el amor, sino simplemente buscar y encontrar todas las barreras que has construido contra él en tu interior».

—Rumi

PASOS

1 Siéntate en una postura cómoda y deja que los ojos se cierren. Desde el comienzo, intenta que la amabilidad esté presente en la práctica. Piensa en el cuerpo amorosamente. Escúchalo y observa si prefieres moverte un poco para estar más cómodo todavía. No quieres dormirte, pero puedes permitirte estar más relajado durante este ejercicio.

2 Comienza reconociendo tu propio deseo de ser feliz. No hurgues en historias acerca de lo que podría hacerte feliz. Descubre este deseo natural de sentirte cómodo y a gusto. Puedes decirte a ti mismo: «Sí, quiero ser feliz».

3 Con esta intención en mente, empieza a dedicarte frases de bondad amorosa. Al decirlas mentalmente, hazlo de manera pausada. Conecta con la intención que hay detrás de las palabras, incluso si en ese momento no las sientes totalmente. Emplea estas frases:

Que sea feliz.
Que esté sano/sana.
Que tenga seguridad.
Que me sienta bien.

4 Busca un ritmo en las frases. Puedes intentar ofrecerte una frase con cada espiración. Al decirlas mentalmente, utilízalas como objeto de tu concentración. Que tu conciencia repose plenamente en las frases y en la intención más profunda.

5 Cuando la mente divague, vuelve a las frases que pronuncias mentalmente. Date cuenta de cualquier sentimiento o pensamiento en el que te juzgues a ti mismo o cualquier resistencia al autocuidado.

6 Permanece con las frases tanto tiempo como te sientas cómodo. Recomiendo empezar con diez minutos.

NO SENTIRLO

Puede que no «sientas» verdaderamente amabilidad cuando la cultivas para ti mismo. Quizás en otros momentos experimentes sentimientos desbordantes de amor y cariño. Abandona todo juicio y abre tu corazón. Esta es una práctica que nos ayuda a cultivar una cualidad. Si la cualidad de la amabilidad no está presente en tu sesión de meditación, debes saber que estás realizando las acciones adecuadas para crear este sentimiento de cuidado y de cariño en el futuro.

13

Desengancharse de los pensamientos

TIEMPO: 15 MINUTOS

Los pensamientos forman parte de la experiencia humana de todo el mundo. No necesitas apartarlos para practicar: aprender a traer tu mente de nuevo al centro de tu ser desde los pensamientos *es* la práctica. Pero ¿cómo dejar ir los pensamientos una vez que te has visto atraído por ellos? Este ejercicio ofrece un modo de «desengancharte» de esos pensamientos y simplemente dejarlos estar. Sin apartar los pensamientos ni negar su presencia, puedes ser consciente de la mente pensante mientras permaneces desapegado.

PASOS

1   Siéntate en una postura cómoda y cierra los ojos. Nota la energía en la mente y en el cuerpo. Cuando ya llevas un tiempo practicando mindfulness, puedes percibir la energía que tienes ese día en ambos. Puede que la mente esté activa, que el cuerpo se sienta alterado o que experimentes cierta ansiedad persistente.

2 Piensa en una bola de nieve que estalla, con ese remolino de energía que se produce alrededor. Imagínate a ti mismo como una bola de nieve y cada copo como un pensamiento. Contempla cómo todos y cada uno de los copos caen al suelo. No te fuerces a calmarte; deja que suceda de manera lenta y orgánica.

3 Después de un minuto, más o menos, lleva la atención a tu respiración. Elige un lugar en el que sientas la respiración fácilmente. Puede ser el centro del pecho, el abdomen, los hombros o la nariz. Observa la sensación física al respirar. Puedes emplear la práctica de contar del ejercicio 7, «Cada respiración cuenta», si la encuentras útil.

4 Observa la respiración durante unos minutos, recogiendo la mente cuando divague. Sigue con la visualización de la bola de nieve, y cuando comiencen a surgir pensamientos, observa cómo lentamente se van asentando.

5 Después de un par de minutos centrado en la respiración, abre tu conciencia para *incluir* tus pensamientos y tu estado mental general. En lugar de volver a la respiración cuando la mente divaga, *date cuenta* de lo que hace la mente. Puedes descubrirte planeando, fantaseando, «imaginando» o revisando experiencias pasadas. No importa qué sea lo que observes, permite que así sea.

6 ¿Qué sucede cuando reconoces la existencia de un pensamiento? Intenta no estimular el pensamiento, pero tampoco lo empujes para que se vaya. Permítele que exista y permite que se vaya por sí mismo. Intenta observar el paso del pensamiento al seguir su trayectoria natural y abandonar la mente.

7 Vuelve a la respiración y espera con paciencia hasta que surja otro pensamiento. Toma nota de que está ahí, obsérvalo y regresa de nuevo a la respiración. Sigue manteniendo la atención plena hacia la respiración y los pensamientos.

8 Nota cuando te pierdes en algún pensamiento o cuando la mente divaga durante algún tiempo. Si surge algún autojuicio, obsérvalo igual que observas cualquier otro pensamiento. Siempre puedes volver a la respiración durante unos momentos para enraizarte de nuevo en la práctica.

ATIENDE A TU ESTADO MENTAL: *sé consciente de tus estados mentales cuando surgen. Si la mente se vuelve ansiosa o se siente frustrada, reconoce que así es. Los estados mentales de ese tipo pueden estar presentes surjan o no pensamientos concretos.*

PENSAMIENTOS SEDUCTORES Y ENGAÑOSOS

La mente pensante puede ser astuta y seductora, y algunos pensamientos (o patrones mentales) tienen el poder de arrastrarnos inmediatamente. Aunque quizás puedas «desengancharte» de algunos pensamientos con facilidad, otros pueden ser demasiado poderosos. Reconoce esos patrones y qué tipo de pensamientos controlan continuamente tu conciencia. Cuando te encuentres apresado por uno de esos pensamientos, sonríe a la mente engañosa y sigue intentándolo.

14

Energizando la mente

TIEMPO: 10 MINUTOS

Durante la práctica de la meditación, la mente puede llegar a aburrirse o dormirse. En esta breve práctica examinaremos unos cuantos modos de aportar energía y estado de alerta a tu mente. Puedes incorporar estos métodos en tus otras prácticas, llevando claridad a tu meditación.

PASOS

1   Deja que los ojos se cierren y adopta una postura cómoda. Comienza sintonizando con la experiencia de la respiración. Descansa al sentir el movimiento de la respiración en el cuerpo al inspirar y al espirar.

2   Para energizar la mente, empieza con la respiración. Al inspirar, hazlo con una sensación de energía y conciencia. Ponte erguido y abre el pecho. Con la espiración, suelta el sueño y las distracciones.

3   Después de uno o dos minutos, deja que los ojos se abran: dejar que entre la luz puede ayudarnos a que nos mantengamos despiertos y lúcidos. Sigue practicando con la respiración y date cuenta de cualquier percepción que atrape tu atención.

4 Deja que pasen unos minutos y ponte de pie. Con los ojos abiertos y de pie invitas a aumentar el estado de alerta en tu práctica. ¡Es mucho más difícil quedarse dormido estando de pie que sentado!

5 Al terminar el ejercicio, date un momento para sacudir tu cuerpo y mover las energías. A medida que te mueves, siente el calor de tus músculos y retorna a tu vida cotidiana.

RESISTIR LA SOMNOLENCIA

Durante la meditación formal, puedes notar que tu mente se adormece. Prácticas como esta pueden entrelazarse con tu práctica diaria para ayudar a inducir un estado mental más despierto. Si te das cuenta de que surge cierta somnolencia, no niegues que está presente. Reconoce que tu mente está cansada e intenta evitar cualquier juicio. Has de saber que cuantas más oportunidades proporciones a tu mente para descansar en quietud, menos somnoliento te sentirás con el tiempo.

15

La actitud de gratitud

TIEMPO: 15 MINUTOS

Este ejercicio procede de la práctica budista de *mudita*, que significa 'alegría empática y solidaria'. Puede entenderse como simplemente expresar dicha con una presencia cariñosa. Al entrenar la mente para regocijarse por la felicidad de otros, obtienes muchos beneficios. Te sientes más pleno gracias al gozo, reconoces la felicidad más fácilmente en tu vida y entrenas la mente para tratar la felicidad como una experiencia importante.

«Cada vez que incorporas lo bueno, construyes un poco de estructura neural. Hacer esto unas cuantas veces al día, durante meses o incluso años, cambiará gradualmente tu cerebro, y cómo sientes y actúas, de manera trascendental».

—Rick Hanson, *El cerebro de Buda: la neurociencia de la felicidad, el amor y la sabiduría*

PASOS

1 Busca una postura cómoda y entra en relajación desde el comienzo de la práctica. Al respirar, aprecia la

vida que se te ofrece con cada inspiración. Al espirar suelta toda tensión, en la mente y en el cuerpo.

2 Recuerda un momento reciente en el que hayas experimentado felicidad. Puede ser algo pequeño, como ver a un amigo, contemplar una puesta de sol o la simple alegría de echarte a dormir por la noche. Cuando hayas encontrado ese momento, permítete sentir la experiencia de alegría.

3 Con la intención de cultivar la gratitud, concédete unas cuantas frases de felicidad empática. Mantén en la memoria el recuerdo elegido y di las siguientes frases:

Que mi felicidad continúe.
Que mi felicidad crezca.
Que pueda estar presente para la alegría.
Que sepa apreciar la alegría en mi vida.

4 Si tu experiencia tiene más que ver con estar en paz y tranquilo, puedes sustituir las anteriores con palabras que te resuenen más. Tú conoces tu propia experiencia, así que sé auténtico contigo mismo.

5 Pronuncia las frases en tu mente, de modo silencioso, encontrando tu propio ritmo con la práctica. Centra tu atención en las palabras, la intención de apreciar la felicidad y el sentimiento de estar en paz, a partir de tu recuerdo.

6 Después de cinco minutos, libera la memoria y las frases de tu mente. Piensa en alguien con quien estés en contacto que haya experimentado felicidad recientemente. Visualiza a esta persona en tu mente, sonriente mientras observas su felicidad.

7 Igual que hiciste contigo, ofrécele frases de gratitud. Regocíjate cuanto te sea posible por su felicidad. Ofrécele estas frases:

Que tu felicidad continúe.
Que tu felicidad crezca.
Que yo pueda estar presente en tu alegría.
Estoy feliz por ti.

8 Cuando la mente divague, regresa a las frases. Puedes volver a la visualización de esa persona sonriente para estimular la felicidad, y comienza de nuevo con las frases. Sigue así durante cinco minutos.

POR QUÉ LA GRATITUD ES IMPORTANTE

En nuestras vidas diarias, generalmente no apreciamos de verdad los momentos de alegría, sean pequeños o grandes. En lugar de eso, el cerebro se engancha en los momentos difíciles y dolorosos, o se obsesiona con la resolución de problemas. Con esta práctica de la felicidad empática, puedes entrenar tu mente para que conceda importancia a tus experiencias agradables, por pequeñas que sean. Al seguir practicando la gratitud, serás consciente de la felicidad más a menudo.

16

Descansar la mente

TIEMPO: 10 MINUTOS

A través de estos ejercicios y durante tu rutina diaria puedes percatarte de que tu mente se inquieta o se agita. Aunque no siempre se puede controlar, puedes animarla a estar más tranquila. Aprender a hacer esto te ayudará a *responder*, en lugar de *reaccionar*, a tus pensamientos y tus emociones. Esta práctica te proporciona la oportunidad de entrenar la mente para que se calme cuando se torna hiperactiva y te ayuda a practicar la tranquilidad y la relajación en lugar de perpetuar esos estados mentales difíciles.

PASOS

1 Para esta práctica puedes sentarte erguido o tumbarte. Si experimentas ansiedad o estrés en este momento, estar acostado puede fomentar la relajación.

2 Realiza dos respiraciones profundas. Inspira llenando los pulmones completamente. Mantén la respiración solo durante uno o dos segundos y espira lentamente. Al soltar el aire, intenta vaciar los pulmones de manera lenta y por completo.

3 Reconoce que no puedes controlar todos los pensamientos que surgen y conecta con tu intención de relajar la mente. Si hay pensamientos, deja que estén. Ofrece a tu mente dos frases sencillas de amabilidad:

Que mi mente esté en calma.
Que yo esté tranquilo con mi mente.

4 Sincroniza estas frases con tu espiración, pronunciando una frase cada vez que espires. Escucha cada palabra e intenta conectar con tu propia intención de cuidar tu mente.

5 Cuando aparezca la mente pensante, regresa a la respiración y a las frases. Aunque solo puedas decir una frase antes de que la mente divague, ya estás dirigiéndote hacia la relajación al seguir practicando.

6 Al terminar el ejercicio, abre los ojos y vuelve a la actividad de la vida diaria. Observa tu mente a lo largo del día, dándote cuenta de cuándo se siente incómoda o agitada.

VOLVERSE HACIA LA COMPASIÓN: *la mente y sus pensamientos pueden volverse dolorosos en algunos momentos. Puedes experimentar culpa, ansiedad o pena. En esos momentos, puede que las frases anteriores no sean adecuadas. En lugar de eso recita mantras de la compasión. Reconoce que esos estados son dolorosos y atiende tu dolor con cariño. Intenta experimentar este sencillo sentimiento: «Que sepa ocuparme con cariño de este sufrimiento».*

LA MENTE OBSTINADA

A veces la mente simplemente no consigue estabilizarse. Cuanto más te esfuerzas, más se agita. Si tu mente está hiperactiva y no se calma, intenta cambiar tu respuesta a esta experiencia. En lugar de esforzarte por calmarla, focaliza tu energía en la aceptación de que está funcionando horas extras y en responder con compasión.

17

La zona libre de juicios

TIEMPO: 15 MINUTOS

La práctica de *tomar nota* mentalmente constituye un aspecto básico del mindfulness. Es muy popular en el programa MBSR (Reducción del Estrés Basado en Mindfulness) y en la meditación de visión penetrante y nos permite observar claramente lo que está ocurriendo, sin engancharnos a la experiencia. Este ejercicio de «anotar sin juzgar» te ayudará a practicar la separación entre el *juicio* de tus experiencias y las propias experiencias. Cuando comienzas a desenredar las dos, empiezas a entrenar tu mente en el dejar ir.

PASOS

1 Siéntate en una postura erguida y cierra los ojos. Empleando la respiración, invita al cuerpo y a la mente a que se relajen. Al inspirar, endereza la columna vertebral y lleva energía al cuerpo. Al espirar, suelta todas las tensiones. Suelta la mandíbula, deja caer los hombros y afloja los músculos del vientre.

2 Comienza abriendo tu conciencia para incluir cualquier sensación corporal. Siguiendo las instrucciones del ejercicio 10, «Conciencia del cuerpo», toma nota

de en qué parte del cuerpo percibes alguna sensación. Observa atentamente esa sensación durante unos instantes; luego, ábrete a otras experiencias corporales.

3   Después de instalarte en esta práctica durante unos cuantos minutos, observa cuándo la mente empieza a *juzgar*. La mente puede etiquetar algunas experiencias o sensaciones como buenas o correctas, y otras como malas o incorrectas. No fomentes ni rechaces estos juicios; limítate a observarlos cuando aparezcan. Sigue haciéndolo durante unos minutos.

4   Invita al sentido del oído a tu práctica. Cuando escuches un sonido, reconoce que estás escuchándolo. Si surge un juicio sobre el sonido, reconócelo, pero no intentes hacer nada con él.

5   Continúa practicando con apertura. Ya sea que estés oyendo algo o percibiendo algo en el cuerpo, o que te enganches en algún pensamiento, permanece consciente de tu experiencia. Cuando se presente algún juicio, ponle nombre y deja que pase. Resiste la tendencia a rechazarlo, pero no te quedes enganchado a él.

6   Termina con unas cuantas respiraciones profundas, estableciendo la conciencia de nuevo en el cuerpo antes de abrir los ojos.

JUZGARTE A TI MISMO POR ESTAR JUZGANDO

Con esta práctica estás conectando directamente con tus juicios. En cuanto ves que surge un juicio, es fácil que respondas juzgándote por tener ese juicio. (¡Otra vez la mente tramposa haciendo de las suyas!). Una de las cosas más útiles que puedes hacer cuando esto ocurre es reírte de ti mismo. La mente es algo divertido. Intenta no tomarte demasiado en serio.

18

Los cuatro elementos

TIEMPO: 20 MINUTOS

Esta práctica tiene más de dos mil quinientos años y proporciona una lente diferente a través de la cual puedes examinar tu cuerpo. Como esta práctica puede parecer extraña al comienzo, intenta dedicarle un tiempo un poco mayor. Concédete el espacio suficiente para entrar en ella e investigar profundamente estos elementos en tu cuerpo. Trata de acercarte con una mente abierta y ver lo que puedes aprender acerca de ti mismo. Recuerda que el mindfulness consiste en ver claramente, y mirar las cosas desde una perspectiva nueva puede ofrecer esa claridad.

PASOS

1   Colócate en una postura relajada. Cierra los ojos y lleva la atención a los lugares del cuerpo en los que sientas un contacto, como el de los pies con el suelo, las manos en el regazo o el cuerpo sentado en la silla.

2   Comienza con el elemento tierra, o forma sólida. Sin pensar demasiado sobre lo que significa, examina abiertamente dónde y cómo puedes sentir solidez. Puede ser en la estructura de tu esqueleto, la silla en

la que estás sentado, alguno de los lugares de tensión en el cuerpo o el peso de tus músculos al relajarse. No te precipites para percibir esas sensaciones ni intentes forzarlas. Cuando sientas el elemento tierra en tu cuerpo, permanece con él durante unas cuantas respiraciones profundas. Sigue esta búsqueda, reconociendo y sintiendo durante unas cuantas respiraciones.

3   Después de cinco minutos, cambia al elemento aire o viento. Un lugar obvio para empezar es en la forma de la respiración corporal. ¿Dónde puedes percibir el aire de la respiración? También puedes buscar lugares en el cuerpo en los que puedas percibir espacio vacío: la nariz, la boca y los oídos pueden ofrecer comprensión del elemento aire.

4   Cuando hayan pasado otros cinco minutos, dirige tu conciencia hacia el elemento agua. Sintoniza con cualquier sensación de liquidez que puedas percibir. Puede que haya humedad en los ojos, saliva en la boca o sudor en el cuerpo; o puedes percibir la flexibilidad de tus músculos, el fluir de tu inspiración y tu espiración, o incluso el pulso de tu sangre.

5   A continuación, lleva tu atención al calor o el fuego en el cuerpo. Este elemento está abierto a interpretación, de modo que mira por ti mismo qué notas. Quizás la temperatura del aire en contacto con tu piel o ciertos lugares del cuerpo que están más calientes o fríos que otros. Observa cualquier experiencia de temperatura, sea interna o externa.

6 Para terminar la práctica, permanece unos momentos con conciencia del cuerpo en su conjunto. Al respirar, siente cómo los cuatro elementos funcionan juntos para apoyar y sostener tu cuerpo.

CREAR UNA PRÁCTICA RÁPIDA DE LOS CUATRO ELEMENTOS

Para crear una práctica rápida de este ejercicio, elige uno de los cuatro elementos para centrarte en él. Si te has sentido especialmente ansioso y disperso, el elemento tierra puede ayudar a que te enraíces. Si te estás sintiendo bloqueado o pesado, el aire o el agua te ayudarán a aligerar las cosas. Y si has experimentado cualquier situación en la que te sientas impotente, intenta conectar con el fuego interior.

Esta práctica también funciona como una meditación activa para ser utilizada a lo largo del día. Conecta con el elemento aire a través de la respiración o de la brisa que sientas. Al caminar, nota el elemento fuego a medida que el movimiento te hace entrar en calor. Los cuatro elementos están siempre presentes en nuestro cuerpo y en el mundo en general. Date la libertad de explorar diferentes modos de identificarlos y experimentarlos.

19

Sintonizar con los tonos afectivos

TIEMPO: 20 MINUTOS

Cuando una experiencia aparece en tu conciencia, puedes mirarla más profundamente reconociendo su tono *afectivo*. Los tonos afectivos no son emociones. Un tono afectivo describe lo que estás experimentando como agradable, desagradable o neutro. Un tono afectivo puede estar unido a cualquier cosa que percibas a través de los sentidos, incluyendo los pensamientos. Al percibir el tono afectivo sigue profundizando con tu intuición en la naturaleza de tu experiencia.

PASOS

1 Adopta una postura cómoda, sentado. Al cerrar los ojos, céntrate en las sensaciones del cuerpo al respirar. Puedes utilizar el ejercicio de contar (ejercicio 7, «Cada respiración cuenta») para centrar la mente. Concéntrate en la respiración durante los primeros minutos, entrando en un estado de mindfulness enraizado.

2 Incluye todo el cuerpo en tu conciencia. Como hiciste en el ejercicio 10, «Conciencia del cuerpo», permanece unos minutos simplemente dándote cuenta de lo que surge en el cuerpo. No juzgues nada como bueno o malo; solo presta atención a la experiencia real de las sensaciones corporales.

3 Una vez que estés presente con las sensaciones corporales, expande tu conciencia para incluir los tonos afectivos. Reconoce la sensación corporal y considera si la experiencia es agradable, desagradable o neutra. Si quieres, puedes hacer un escaneo corporal (ejercicio 6, «Escanear el cuerpo») y percibir el tono afectivo de cada zona del cuerpo.

4 Después de cinco minutos, incluye el sentido del oído en tu práctica. Cuando un sonido llegue a tu conciencia, percibe que estás escuchando y observa el tono afectivo. Continúa teniendo conciencia del cuerpo y del sonido durante cinco minutos.

5 Finalmente, incluye los pensamientos. No hace falta que profundices en lo que estás pensando; simplemente reconoce cuándo estás pensando y si hay un tono afectivo asociado. Luego, ábrete de nuevo y espera a que surja la experiencia siguiente.

6 Permanecer en una atención plena abierta permite dejar espacio para la divagación mental. Recuerda que siempre puedes volver a la respiración mientras te anclas en esta práctica. No dudes en volver a ella durante un minuto o dos para recoger la mente.

7 Haz unas cuantas respiraciones breves y abre los ojos. Durante el día, observa si puedes percibir los tonos afectivos asociados a lo que ves, oyes y sientes.

PERMANECE ABIERTO AL CAMBIO: *los tonos afectivos no son estables ni fijos. En un momento puedes sentir que una experiencia es agradable y al momento siguiente puedes experimentarla como desagradable. Recuerda practicar la mente de principiante, permaneciendo curioso y abierto.*

NO SABER

Algunas experiencias pueden no tener un tono afectivo claro. Aunque generalmente trabajamos con lo agradable, lo desagradable y lo neutro, hay otras opciones con las que puedes jugar. Si no sabes qué sentimiento es, di: «No sé». Si lo experimentas como una mezcla di: «Mezclado». No tiene sentido forzarlo si el tono afectivo no es claro. Sé honesto, respetando tu propia experiencia personal.

20

La experiencia emocional

TIEMPO: 15 MINUTOS

Las emociones son sucesos complejos que pueden entenderse, de manera muy sencilla, como una combinación de sensaciones físicas y patrones de pensamiento. Cuando sintonizas de manera consciente con tu experiencia emocional, puedes empezar a quebrarlos y separarte de su poder. Con sabiduría y cuidado, podrás dejar ir tus sentimientos en lugar de permitir que te gobiernen.

«Tú tienes un único cuerpo y una única mente, con una historia y unos condicionamientos particulares. Nadie puede ofrecerte una fórmula para navegar por todas las situaciones y todos los estados mentales. Solo escuchando internamente de una manera fresca y abierta podrás discernir en cada momento lo que más útil resulta a tu salud y tu libertad».

—Tara Brach, *Refugio verdadero: encuentra la paz y la libertad en tu propio corazón despierto*

PRIMERA PARTE

PASOS

1 Busca una postura que sea confortable y te permita una atención plena. Aunque puede que sepas lo que funciona para ti en general, permanece abierto a cualquier ajuste que pueda tener que hacerse. Durante unos instantes, examina tu cuerpo y lo que se halla presente.

2 Evoca una experiencia reciente de alegría o de felicidad. Intenta recordar todos los detalles que puedas acerca de este suceso. Visualiza la experiencia y dale espacio para que esté presente en tu mente y en tu cuerpo.

3 Mientras esta experiencia emocional está contigo, investígala de cerca. ¿Qué es esta alegría? Observa lo que sientes en el cuerpo. Puedes percibir una relajación de los hombros, respiraciones más suaves o más profundas, o una calidez en el pecho. No hay nada que debas o no debas percibir; simplemente reconoce tu propia experiencia de alegría.

4 Sintoniza con el estado mental que acompaña a esta sensación física. Cuando descansas en el recuerdo de la alegría, ¿qué ocurre en la mente? Observa si está en calma, activa, agitada o tranquila. No hay respuestas correctas y respuestas incorrectas. Familiarízate con la experiencia de la alegría.

5 Ahora haz lo mismo con una experiencia reciente que haya sido desagradable. Puede ser un momento en el que estuvieses estresado, ansioso, frustrado o triste. Mantente alejado de experiencias que estén fuertemente cargadas, como una discusión acalorada o un ctcealact ctelctmmmm

---

conflicto en el trabajo. En lugar de eso, comienza con algo moderadamente desagradable, como verte atrapado en el tráfico o tener que abrirte paso por una tienda abarrotada.

6 Explora esta experiencia en la mente y en el cuerpo, permaneciendo unos minutos en cada uno.

7 Vuelve al cuerpo y a la respiración durante un minuto al final de tu práctica. Permite que la mente se relaje durante unas cuantas respiraciones profundas, antes de abrir los ojos.

TRABAJAR CON EMOCIONES ABIERTAS

En lugar de evocar intencionadamente emociones pasadas, puedes hacer esta práctica con una conciencia abierta y trabajando con cualquier emoción que surja. Si esperas pacientemente con una atención total, tendrás la oportunidad de observar cómo las emociones van y vienen. Reconocer la naturaleza transitoria de tus emociones con el tiempo puede ayudarte a estar menos apegado a ellas. También puedes hacer una pausa durante el día para hacerlo, cuando notes que estás teniendo una experiencia emocional.

21

Enraizado y flexible

TIEMPO: 15 MINUTOS

La ecuanimidad es la cualidad de permanecer enraizado y estable en medio de tu experiencia. Cuando percibes sufrimiento, respondes con compasión y no pierdes el equilibrio a causa de lo inesperado de la experiencia. Con la práctica de la ecuanimidad cultivas un estado mental enraizado y flexible al mismo tiempo, especialmente en medio de experiencias emocionales intensas.

«Una definición moderna de ecuanimidad: calma. Se refiere a aquel cuya mente permanece estable y serena en todas las situaciones».

—Allan Lokos, *Pocket Peace: Effective Practices for Enlightened Living* [Paz de bolsillo: prácticas eficaces para una vida iluminada]

PASOS

1 Cerrando los ojos y buscando tu postura, lleva la atención a tu experiencia presente. Percibe los sonidos, las sensaciones en el cuerpo y tu estado mental general.

2 Abre tu conciencia. Cuando llegue algo, sintoniza con la mente, observando qué te produjo el desequilibrio. Algunos sonidos, pensamientos o sensaciones en el cuerpo pueden estar cargados y sacarte de tu estado de calma mental. Permanece durante cinco minutos con esta conciencia de tu propio equilibrio.

3 Evoca a alguien que te importe profundamente. Conecta con tu intención de cuidarlo. Reconoce que, aunque puedas cuidar a esa persona, no puedes controlar su felicidad. Ofrécele unas cuantas frases de ecuanimidad:

Que seas feliz.
Que te hagas cargo de tu felicidad.
Tu felicidad depende de tus acciones, no de mis deseos
hacia ti.

4 Después de cinco minutos, cambia a otra persona que te importe. Trata de buscar a alguien que esté experimentando actualmente cierto dolor o algún sufrimiento. Conecta con tu intención de cuidarlo, pero permanece estable y ofrece estas frases de compasión y ecuanimidad:

Que estés libre de sufrimiento.

Que hagas lo necesario para cuidar de tu dolor.

Tu libertad depende de tus acciones, no de mis deseos hacia ti.

5 Finalmente, evoca a alguien cercano a ti que haya tenido recientemente alguna alegría o algún éxito. Ofrece unas frases de alegría empática, mientras sigues conectado a tu ecuanimidad.

Que continúe tu alegría.

Que te hagas cargo de tu alegría.

Tu alegría está en tus manos y no depende de mis deseos hacia ti.

6 Después de unos minutos de ofrecer estas frases, vuelve a tu propia experiencia antes de abrir los ojos. Reconoce que tu felicidad está en tus propias manos. Siéntete orgulloso de tu esfuerzo en la práctica, fomentando tu propia felicidad.

CAER EN LA APATÍA

La ecuanimidad tiene lo que se llama un «enemigo cercano». Se trata de una cualidad que parece similar, pero en
realidad no nos ayuda. El enemigo cercano de la ecuanimidad es la apatía: la cualidad de que nada te importe.
Mientras la ecuanimidad tiene que ver con atender a tu
experiencia con cariño y estabilidad, la apatía consiste
en alejarse de la experiencia totalmente y que deje de
importarte. Cuidado con la apatía o la indiferencia cuando practicas. Si aparece, vuelve a las frases de bondad
amorosa, reconectando con la parte de tu corazón naturalmente cuidadosa.

22

Siente el amor

TIEMPO: 20 MINUTOS

Esta práctica ofrece un modo alternativo de permitirte ser cuidado. Trabajaremos con una técnica de visualización para recibir amor y cuidado. Esto te ayudará a cultivar la capacidad de aceptar el amor y reconocer tu valor innato.

PASOS

1   Busca una postura cómoda, cierra los ojos y realiza un esfuerzo especial por llevar hoy amabilidad a tu práctica. Relaja el cuerpo y deja que la mente se serene.

2   Evoca a una persona a quien le importes. Puede ser un miembro de tu familia, un buen amigo o un mentor de algún tipo. Visualiza a esta persona que está delante de ti, ofreciéndote frases de bondad amorosa. Lo único que tienes que hacer es recibir sus buenos deseos. Continúa recibiendo esas intenciones durante cinco minutos.

3   Añade otra persona a la que le importes. Acepta los deseos de bienestar de esos dos individuos, permitiendo que su cariño y su amor lleguen profundamente a tu conciencia.

4 Después de unos cuantos minutos, lleva a tu conciencia a un tercer individuo. Sigue trayendo a otros, poco a poco, hasta que tengas un grupo de personas ante ti, ofreciéndote palabras y sentimientos de amabilidad. Intenta aceptar estos buenos deseos con un corazón abierto.

5 Cuando llegues al final de tu práctica, lleva tu propia amabilidad y cariño a tu experiencia. Abre los ojos lentamente y vuelve a la vida diaria con paciencia y amabilidad.

CERRAR EL CORAZÓN

El corazón y la mente pueden sentirse incómodos cuando reciben amor. Puedes no sentirte merecedor del amor o la amabilidad que recibes. Si el corazón se cierra, percibe cuándo lo hace o cuándo la mente intenta distraerte con sus historias. Procura sintonizar de nuevo con la sensación sentida de recibir amor en tu cuerpo. Trabaja para lograr una sensación encarnada de ser amado.

23

Cultivar la concentración

TIEMPO: 20 MINUTOS

En el ejercicio 7, «Cada respiración cuenta», utilizaste el recuento de respiraciones para ayudar a desarrollar la concentración mental durante un período de tiempo breve. Dedicar intervalos más largos a esta práctica puede ayudarte a profundizar en tu práctica de mindfulness (y también resulta útil en la vida diaria). Este ejercicio comienza contando respiraciones y ofrece unas cuantas maneras distintas de desarrollar la concentración más profundamente.

PASOS

1   Después de colocarte en la postura, comienza con la práctica de contar respiraciones. Centra la atención en la respiración y recupera la mente cada vez que divague. Practica de este modo durante los primeros cinco minutos.

2   Deja de contar, pero sigue con la respiración. Obsérvala con toda atención, comprueba si eso te resulta más difícil sin contar. Continúa durante cinco minutos.

3 Ahora, cambia a la sensación de escuchar. Busca un sonido relativamente estable en tu entorno. Puede ser el ruido de una calle cercana, el murmullo de la electricidad o de las luces, o el sutil zumbido en los oídos. Utiliza tu escucha como objeto de tu atención. Cuando la mente divague, regresa a este sonido.

4 Después de cinco minutos, abre los ojos. Busca un objeto en el que centrar la atención. Míralo con curiosidad, percibiendo cada uno de sus detalles: su contorno, su color, su textura, etc. Cuando te distraigan otras cosas que veas, que oigas o que pienses, vuelve al objeto que has elegido. Practica esto durante los últimos cinco minutos.

LA MENTE DE MONO

Al trabajar con la concentración puedes experimentar lo que se llama «mente de mono». La mente de mono es cuando está inquieta, saltando de un sitio a otro como el mono que se balancea de árbol en árbol. Si la mente de mono te distrae, ábrete a los pensamientos. Aunque puedas empezar este ejercicio con la intención de desarrollar la concentración, date permiso para cambiar a una práctica de atención-plena-a-los-pensamientos. Reconoce los pensamientos que surgen, dales la bienvenida y no los rechaces.

24

Meditación de atención abierta

TIEMPO: 25 MINUTOS

Esta es una meditación de atención plena tradicional, similar a lo que la mayoría de las personas piensan cuando oyen la palabra *meditación*. Utilizando la atención plena de las sensaciones, de los tonos afectivos y de tu experiencia global en el momento presente, esta es una práctica de auténtica atención abierta. Para muchos meditadores de todo el mundo constituye la piedra angular de la práctica de mindfulness.

La meditación de atención abierta es una combinación de algunos de los ejercicios más breves y focalizados de esta sección. Durante todo el ejercicio, descansa en ese estado de apertura, recibiendo cualquier cosa que surja en tu experiencia.

PASOS

1 Comienza con un breve escaneo corporal. Desde la cabeza hasta las puntas de los pies, lleva tu atención plena a cada parte del cuerpo.

2 Después de completar el escaneo del cuerpo, abre tu conciencia a las sensaciones corporales: tensión, dolor, suavidad, el deseo de moverte o quizás una emoción o un sentimiento. ¿Qué surge y atrae tu atención? Observa el cuerpo con plena atención durante cinco minutos.

3 Abre tu práctica a la experiencia del oír. Cuando llegue un sonido a tu conciencia, reconoce que estás oyendo algo. Siéntate durante cinco minutos, con paciencia, y percibe cualquier sensación corporal o cualquier sonido presente.

4 Continúa con esa apertura, ahora incluyendo la mente pensante. Puedes ver pensamientos, experiencias emocionales o estados mentales generales. Sea lo que sea que se presente, observa que estás teniendo una experiencia mental.

5 Finalmente, toma nota del tono afectivo. Cultiva la intención de recibir y permanece abierto. Reconoce cualquier cosa que esté presente en tu conciencia y cómo la sientes. Si la mente reacciona a cualquier parte de tu experiencia, convierte esa reacción en una parte de la práctica.

6 Al terminar esta meditación y salir a la vida cotidiana, intenta mantener algo de esta conciencia.

LA ATENCIÓN ABIERTA DURANTE EL DÍA: *puedes convertir esta práctica en parte de tu atención plena de cada día. Detente durante unos instantes durante el día y comienza con el quinto paso de este ejercicio. Ábrete a toda tu experiencia y permanece un minuto* *o dos anotando mentalmente lo que esté presente. Esto puede ayudarte a volver a la experiencia del instante presente en momentos estresantes o aburridos.*

DEMASIADO ABIERTO

La práctica de la atención abierta a veces puede sentirse como demasiado abierta. Al dejar espacio para que surja cualquier cosa, puede que empieces a sentir cierta pereza o sentirte excesivamente relajado. Al relajarse, la mente tal vez empiece a dar vueltas en trenes de pensamiento azarosos. Si ves que ocurre esto, intenta intensificar tu conciencia un poco más, centrándote en uno de los cinco sentidos (generalmente, el escuchar funciona bien). Recuerda que cada vez que recuperas la mente estás fortaleciendo los músculos mentales de la atención plena y de la meditación.

25

Respirar y percibir

TIEMPO: 25 MINUTOS

Este es un modo alternativo de trabajar con la atención abierta, y es como yo practico todos los días. Esta combinación de concentración intencional y atención abierta está inspirada por el monje birmano Mahasi Sayadaw. *Respirar y percibir* es una práctica popular entre los estudiantes de mindfulness de todo el mundo.

> «Cada vez que uno percibe bien un objeto, esto proporciona gozo. Como resultado, la práctica se torna gozosa».
>
> –Mahasi Sayadaw, *Manual of Insight*
> [Manual de meditación de visión penetrante]

PASOS

1   Adopta una postura cómoda y cierra los ojos

2   Centra tu atención en la respiración. Puedes empezar con un ejercicio de contar respiraciones, si lo encuentras útil.

3 Elige una zona del cuerpo y utiliza los términos *dentro* y *fuera* para acompañar cada inspiración y cada espiración. Continúa durante cinco minutos o más, hasta que la mente comience a aquietarse.

4 Permaneciendo con la conciencia de inspirar y espirar, lleva tu atención al cuerpo en general. Después de espirar, detecta un lugar en el cuerpo en el que puedas notar una sensación. Por ejemplo, puedes anotar mentalmente lo siguiente: «Dentro, fuera, pie»; «Dentro, fuera, pecho», y así sucesivamente.

5 Después de cinco minutos, incorpora la sensación de oír. Sigue anotando mentalmente la inspiración y la espiración. Después, toma nota de una sensación en el cuerpo o de un sonido.

6 Ahora, ábrete a la mente pensante. Continúa con la respiración, tal como has venido haciendo. Al espirar, ábrete a cualquier pensamiento que aparezca, cualquier sensación en el cuerpo y cualquier sonido.

7 Finalmente, incluye los tonos afectivos. Ahora estás descansando en la respiración y anotando cualquier sensación corporal, cualquier sonido, pensamiento y tono afectivo, después de cada espiración.

LA ANSIEDAD Y EL SENTIRSE ABRUMADO

Durante esta práctica puedes darte cuenta de que te sientes abrumado o que comienza a surgir cierto estrés. Dale la bienvenida y conviértelo en parte de la práctica. Puedes intentar lentificar la respiración para fomentar un estado de relajación o volver a la práctica sencilla de contar respiraciones, para darte un descanso antes de volver a mantener la conciencia abierta.

Atención plena en la vida diaria

La meditación constituye un modo poderoso de enraizar tu práctica de mindfulness y lograr intuiciones duraderas que puedes llevar a la vida cotidiana. Pero, claro, no puedes pasarte todo el día sentado en meditación. Llevar la atención plena a las actividades y responsabilidades de tu vida diaria puede ayudarte a crear un estado de presencia más consistente.

En esta parte encontrarás ejercicios que te ayudan a permanecer presente con amabilidad y sabiduría mientras transcurre el día. Cuanto más practiques esto, más fácil se volverá. Recuerda: esto es una práctica. Exige paciencia y persistencia para entrenar y volver a entrenar la mente.

26

El disparador de la conciencia

TIEMPO: 5 MINUTOS

Una de las partes más difíciles de la práctica de mindfulness es *acordarse* realmente de practicar. Por esta razón, un disparador o desencadenante de la atención puede ayudarte a formar un hábito. Puedes incorporar esto en muchos momentos durante el día, experimentar con diferentes disparadores y utilizar distintos métodos de mindfulness con este ejercicio.

PASOS

1   Por la mañana, elige una tarea o un suceso que probablemente vaya a tener lugar unas cuantas veces a lo largo del día, por ejemplo el sonido de las llamadas en el móvil, el acto de sentarte o ver el color rojo.

2   Elige un suceso o una conducta y establece una intención clara de utilizarlo como desencadenante de la atención plena a lo largo del día. Concédete un momento para conectar con tus objetivos y tus esperanzas, estimulando la atención durante la jornada.

3 Cuando percibas tu disparador, detente y practica mindfulness durante unos momentos. Puedes hacer cualquiera de los ejercicios de la primera parte: trabajar con la respiración, observar los puntos de contacto o cualquier otro método del libro que funcione para ti.

4 Después de dedicar unos instantes a la conciencia del momento presente, puedes volver a la vida diaria. Recuerda seguir llevando la atención al instante presente cada vez que tu disparador surja durante el día.

ENCONTRAR EL DISPARADOR ADECUADO: *hay muchos disparadores diferentes que puedes utilizar para esta práctica. Concédete la libertad de elegir un disparador que sea relevante y significativo en tu estilo de vida. Si trabajas delante de un ordenador, puedes intentar utilizar la llegada de un correo electrónico. Si pasas mucho tiempo al aire libre, utiliza la sensación del viento en tu rostro. Sigue experimentando con diferentes disparadores hasta que encuentres el que mejor funcione para ti.*

27

Despertarse conscientemente

TIEMPO: 5 MINUTOS

Una de las mejores técnicas para ayudar a llevar la atención plena a la vida diaria es comenzar el día de ese modo, con atención plena. Muchos de nosotros tenemos una rutina vertiginosa toda la mañana y no nos detenemos para estar presentes hasta más tarde. Este ejercicio puede ayudarte a comenzar el día con unos momentos de atención plena y a reforzar tu práctica en las horas siguientes.

PASOS

1   Al despertarte, date unos instantes para detenerte antes de levantarte. Si utilizas despertador, prueba a adjuntar una nota adhesiva para acordarte.

2   Sintoniza con el cuerpo cuando todavía estés acostado en la cama. Percíbelo descansando y date cuenta de qué sientes al empezar a moverte y estirarte.

3   Lleva la atención a la respiración. Realizando unas cuantas respiraciones profundas, reconoce que te has despertado y estás respirando.

4 Al levantarte y comenzar el día, intenta mantener cierta conciencia. Las rutinas hacen que sea fácil caer en el piloto automático. Date cuenta de cuándo pierdes tu presencia y vuelve a la atención plena.

EL CAOS MATUTINO

Las mañanas pueden ser un momento especialmente caótico. Las prisas para llegar al trabajo, atender a los niños y lidiar con el brumoso cerebro matutino pueden hacer que estar presente sea difícil. Esto exige un esfuerzo y una amabilidad extras. Los lugares y los momentos que te resultan más difíciles a menudo son las oportunidades más ricas para practicar. Sé consciente de cuándo tu mente y tu cuerpo empiezan a estresarse. No hace falta que hagas nada; obsérvalo con una conciencia paciente. Simplemente observar este proceso puede ayudarte a comprenderlo más profundamente y volverte menos vulnerable a él en el futuro.

28

El fluir creativo

Reservar un tiempo para ser creativo durante el día puede proporcionar beneficios duraderos en todas las áreas de tu vida. La creatividad puede incrementar la autoconciencia, aliviar el estrés y ayudarte a resolver los problemas más fácilmente. Además, puedes cultivar mindfulness mientras cultivas tu lado creativo. Realiza este ejercicio con tu actividad favorita, y recuerda que puedes hacer una pausa en cualquier momento y utilizar esta técnica para estimular la conciencia del momento presente.

SEGUNDA PARTE

PASOS

1 Prepara una hoja de papel en blanco y un bolígrafo. Si quieres utilizar rotuladores o lápices de colores, mejor incluso. Cuenta con unos diez minutos, quizás poniendo un temporizador si te ayuda a que realmente dediques ese tiempo a la práctica.

2 Lleva tu atención a la experiencia que estés viviendo en ese momento. Siente el bolígrafo en la mano, mira la hoja de papel y percibe los pensamientos que recorren tu mente. Si surge algún juicio acerca de tus talentos creativos, date cuenta de ellos cuando aparezcan.

3   Empieza a dibujar. No hace falta que crees una obra maestra. No pasa nada si son figuras de palos y garabatos. Dibuja lo que quieras. Puede ser un recuerdo feliz, un paisaje o algo que puedas ver justo ahora.

4   Al dibujar, date cuenta de qué estás dibujando. Si es una persona, sé consciente de que es una persona. Si es un movimiento, percátate de que es un movimiento. Observa cualquier emoción que surja, explorando si la obra es feliz, triste, divertida, hermosa, etc.

5   Ten un cuidado especial en observar los juicios. Por muy creativo que creas ser, puedes encontrar que la mente te dice que no vales nada. Agradece a la mente por esas contribuciones y sigue dibujando.

6   Después de diez minutos, deja el bolígrafo. Mira lo que has dibujado y tómalo entre las manos. Examina las líneas, las figuras y la obra en conjunto. Una vez más, date cuenta de los pensamientos y los juicios cuando surjan. Puedes elegir si guardar tu dibujo o no; lo que importa es la actividad, no el resultado.

MEDIOS DE EXPRESIÓN CREATIVOS: *este ejercicio funciona con cualquier forma de creatividad. Intenta rellenar un libro para colorear, hacer fotos, tocar un instrumento o danzar. ¡Los únicos límites son los que tú te pongas! Permítete diez minutos de libertad respecto a todo juicio y sigue tu pasión.*

29

Cocinando con claridad

TIEMPO: 15 MINUTOS

Cocinar o preparar una comida es una oportunidad para crear una conexión amorosa con tu alimento. Mientras lo haces, puedes cultivar mindfulness en tu cuerpo y tu mente, así como en la comida que tomarás. Ya estés preparando una comida rápida o un banquete, utiliza este ejercicio para enraizarte en el momento presente.

«Cocinar es tanto el juego del niño como el deleite del adulto. Y cocinar con cariño es un acto de amor».

–Craig Claiborne, *The New York Times Cookbook*
[El libro de cocina del *New York Times*]

PASOS

1 Comienza tu práctica *antes* de empezar a sacar ingredientes de la nevera o del armario. Forma una imagen en tu mente de la comida que vas a preparar. Visualiza tanto la comida completa como los ingredientes

individuales. Date cuenta de tus intenciones al prepararla.

2 Mientras comienzas a reunir las cosas que vas a necesitar, conecta con el cuerpo. Siente cómo este se mueve por la cocina y toma cada ingrediente. Para ayudar a cultivar la atención plena, haz un esfuerzo para moverte más lentamente de lo que lo haces normalmente.

3 Mientras picas, mezclas y preparas los ingredientes, céntrate en una cosa cada vez. Al encender el fuego, no simplemente enciendas el fuego. Siente la experiencia con toda tu conciencia. Sea lo que sea que estés haciendo, lleva tu atención totalmente a la tarea que tienes ante ti.

4 Utiliza tus sentidos. Date cuenta de si estás escuchando, sintiendo algo en el cuerpo, saboreando, oliendo o viendo. Cuando veas que el agua hierve, investiga el aspecto, la sensación de calor y el sonido. Cuando cortes las verduras, escucha el ruido del cuchillo, siente el utensilio en tu mano y percátate de si puedes oler algo. Emplear los cinco sentidos te ayuda a permanecer presente e interesado.

5 Cuando la comida esté terminada, haz una pausa para apreciar la experiencia. Reconoce el esfuerzo que has realizado. En primer lugar, agradece a la energía que ha llevado la comida a tu cocina. Si es para alimentar a otros, piensa que vas a proporcionarles sustento a esos seres queridos. Permítete sentirte agradecido.

30

Habla consciente

Los seres humanos somos criaturas sociales. Es rara la vez que transcurre todo un día sin que interacciones con alguien: quizás tengas familia, vivas con un compañero o compañera, o estés en contacto con gente durante las horas de trabajo. Cuando hables, puedes hacerlo de una manera plenamente consciente, dándote cuenta de cómo puede impactar a otros y de cuáles son tus intenciones. Este ejercicio dura unos pocos minutos y puedes utilizarlo en cualquier momento. Haz esto una o dos veces al día, mientras hablas por teléfono con un ser querido o durante cualquier interacción social.

SEGUNDA PARTE

PASOS

1 Antes de hablar, pon la atención en tus intenciones. Pregúntate por qué vas a decir lo que hayas planeado decir. Examina la posibilidad de decirlo con más amabilidad o paciencia incluso.

2 Piensa en si tus palabras son oportunas o útiles en ese momento. A menudo charlamos, interrumpimos o hablamos solo para evitar silencios incómodos.

Piensa en si este es el momento oportuno para hablar o no y qué propósito cumplirán tus palabras.

3 Si es posible que tus palabras hagan daño a otros, interrumpan a otra persona que está hablando en ese momento o suenen falsas, trata de pensar qué palabras eliges.

4 Al hablar, hazlo lentamente y sé consciente de las palabras que utilizas. Cuando alguien responda verbalmente o a través del lenguaje corporal, observa cómo se siente. Recuerda que no puedes controlar a los otros, pero puedes llevar conciencia a tus propias respuestas.

5 Cuando hayas acabado de hablar, deja ya la palabra. Escucha a la otra persona y espera el momento adecuado para volver a hablar. Cuando practiques el habla consciente de manera más regular, podrás navegar entre conversaciones difíciles con mayor soltura.

RECONOCER EL HABLA IMPRUDENTE: *probablemente te darás cuenta de que hay veces en las que hablas sin atención plena. Ponte el objetivo de conectar con tus hábitos al hablar. Si te descubres entrando en demasiadas habladurías, establece la intención de evitarlas. Si interrumpes a otros a menudo, lleva una atención especial a este patrón. No te castigues. Aquí los límites son difusos y tienes la oportunidad de atenderlos con compasión y amabilidad.*

31

Fregar los platos

TIEMPO: 10 MINUTOS

En los retiros de meditación, lavo docenas de platos en silencio cada día. Me costó años de retiros en silencio apreciar este acto como una oportunidad para ser consciente. A la mayoría de nosotros nos parece una tarea terrible. Lavamos los platos deprisa, apresurándonos para terminar lo antes posible. En lugar de eso, puedes participar en esta tarea con atención al momento presente y hallar cierta paz.

PASOS

1   Mira los platos que vas a limpiar. Percibe cualquier reacción espontánea que tengas ante la tarea que se te presenta. Intenta recordar la comida que se ha servido y cómo apoyaba el bienestar y la vida de todos los que comieron.

2   Haz unas cuantas respiraciones profundas, centrando tu conciencia en el cuerpo. Siente cómo estás de pie y el peso que presiona desde la columna vertebral hasta los pies.

3   Comienza a lavar los platos de uno en uno. Permanece centrado en el plato que tienes delante de ti en ese

momento. Al lavar, conecta con los olores que surgen del jabón y de la comida. Observa cómo los platos van quedando más limpios. Siente el agua calentita en tus manos. Escucha los sonidos del agua y del acto de fregar.

4   Coloca el plato en el escurreplatos lentamente, llevando conciencia al cuerpo mientras lo haces.

5   Al pasar al plato siguiente, reconoce que es un nuevo comienzo. No te preocupes de los platos que has limpiado ni de los que están todavía por limpiar. Vuelve al que estás limpiando justo ahora.

6   Observa cómo la mente divaga. Cuando se mueva como una serpiente, vuelve a llevarla a la tarea que estás haciendo. Siempre puedes hacer una pausa y respirar profundamente varias veces para volver a centrarte.

7   Cuando hayas limpiado el último plato, no detengas la práctica inmediatamente. Permanece presente mientras te lavas las manos y dejas la tarea. Con gratitud, reconoce el alivio que se te ha ofrecido durante este tiempo.

SEGUNDA PARTE

32

Limpieza consciente de la casa

TIEMPO: 10 MINUTOS

Igual que lavar los platos, limpiar nos garantiza unos momentos para dar un paso atrás respecto a nuestros días activos y descansar en la conciencia del momento presente. En vez de centrarte en la propia tarea o en cómo te sientes acerca de ello (a la mayoría de nosotros generalmente no nos entusiasma la idea de limpiar la casa), utiliza este tiempo como una oportunidad para cuidarte y fomentar el hábito de la atención plena.

En este ejercicio utilizaremos la actividad de barrer. No obstante, puedes practicar la limpieza consciente mientras quitas el polvo, pasas la mopa, limpias una encimera o realizas cualquier otra tarea del hogar.

PASOS

1 Comienza tu práctica cuando estés reuniendo los utensilios de limpieza. Al caminar para ir a por la escoba, siente cómo los pies se mueven por el suelo.

Presta atención a la sensación de recorrer el espacio hacia los utensilios.

2 Al tomar la escoba, lleva la atención a la sensación del tacto. Si la mente comienza a divagar hacia el futuro y a dar vueltas a la tarea que vas a realizar, vuelve a llevar tu atención al cuerpo en el momento presente.

3 Barrer suele ser un acto repetitivo, que puede llevar a un sentimiento de aburrimiento. Para ayudar a estar en el momento presente, intenta utilizar un mantra. Puedes emplear una frase sencilla, como: «Izquierda, derecha», o una frase de bondad amorosa, como: «Que pueda yo vivir con serenidad». Con cada movimiento de la escoba, repite mentalmente la frase al tiempo que realizas la acción.

4 Reconoce cualquier estado mental que surja. Si estás frustrado, observa que estás frustrado. Si surge la curiosidad acerca de alguna suciedad, reconoce que eres curioso.

5 Al seguir limpiando, recuerda comprobar el estado de tu cuerpo y tu mente. Sé consciente de los movimientos, de la repetición y de las emociones que surgen. Vuelve a tu mantra o tu frase tantas veces como sea necesario.

6 Cuando hayas terminado de limpiar, quédate quieto un rato y haz una respiración profunda. Observa el espacio que has limpiado ¡y date cuenta de que constituye una representación de tu mente limpia!

SEGUNDA PARTE

33

Llevar un diario

TIEMPO: 10 MINUTOS

La práctica regular de escribir un diario es un modo encantador de hacer un seguimiento de uno mismo. Dedica unos cuantos minutos cada día para examinar tu experiencia a través de la escritura. Lo mejor es hacer este ejercicio por la mañana y por la noche, para empezar y terminar el día con atención plena. También resulta útil tener un diario o una agenda dedicados a esta práctica.

PASOS

1 Déjate cinco minutos por la mañana para sentarte y escribir tu diario. Al sentarte para hacer este ejercicio, conecta con tu cuerpo. Percibe cómo estás sentado en la silla, con los pies en el suelo y el bolígrafo o el lápiz en la mano.

2 Realiza unas cuantas respiraciones profundas, enraizándote en el momento presente. Reconoce el estado mental en el que estás esta mañana. ¿Estás en calma, ansioso, con miedo o esperanzado? No hace falta que inmovilices ese estado; simplemente percibe dónde está la mente hoy.

3 Durante unos minutos, escribe sobre tu experiencia actual y sobre el día que tienes por delante. Si te parece una tarea desalentadora, puedes ponerte un temporizador. Fíjate en cómo te sientes esta mañana, el estado de tu mente y las intenciones que tienes para el día. Pregúntate si tienes preocupaciones, esperanzas o algún evento en mente.

4 Al terminar la práctica de escribir el diario, vuelve a la respiración unos momentos, antes de seguir con tu día.

5 Por la noche, regresa a esta práctica. Durante cinco minutos, reflexiona sobre el día que has tenido. Identifica algo por lo que estés agradecido, piensa en las cosas que podrías haber manejado mejor y toma nota de los momentos de atención plena durante el día.

EL DIARIO DE MEDITACIÓN

También puedes incorporar la escritura de un diario a tu práctica meditativa. Después de sentarte en meditación formal, abre tu diario y comenta tu experiencia a través de la escritura. Anota si la mente estaba concentrada o dispersa, cómo vivió la práctica y cualquier cosa llamativa u original acerca de la práctica de ese día. Escribir sobre tu práctica proporciona un espacio extra para observar tu experiencia con curiosidad y ecuanimidad.

34

El mundo en movimiento

TIEMPO: 10 MINUTOS

La naturaleza misma del mindfulness consiste en conectar con tu experiencia en cualquier momento dado, haciéndote consciente de que toda experiencia es transitoria. Es decir, todo está en constante cambio. Los sentimientos vienen y van, los pensamientos surgen y pasan de largo, y los sonidos emergen y desaparecen. Podemos utilizar esta naturaleza cambiante como objeto de nuestra conciencia durante el día. Sintonizar con todo el cambio en el mundo te ayudará a identificar la transitoriedad en la acción y te proporcionará una gran variedad de cosas en las que centrarte.

PASOS

1   Siéntate al aire libre o cerca de una ventana y deja los ojos abiertos. Establece la intención de descansar en la conciencia de tu experiencia del momento presente. Lleva la atención al cuerpo y a la respiración, siendo consciente de dónde estás y cómo estás sentado.

2   Empieza notando dónde puedes sentir algún movimiento en el cuerpo mientras estás sentado en quietud. Permanece con la respiración y presta atención

al abdomen, el pecho, los hombros y cualquier otro lugar en el que puedas percibir cambios.

3 Ábrete a tu sentido del oído. Percibe la presencia de cualquier sonido, sintonizando específicamente con su naturaleza cambiante. Puedes oír los coches que vienen y van, tu respiración que fluye hacia dentro y hacia fuera, el trino de los pájaros y el silencio cuando dejan de cantar, o cualquier otro sonido a medida que surge y se desvanece. Cuando llegue un sonido a tu conciencia, céntrate en él durante unos momentos, antes de abrirte de nuevo a otros sonidos.

4 Finalmente, utiliza tu sentido de la vista y contempla el movimiento que hay en el mundo. ¿Qué puedes ver que esté moviéndose o cambiando? Pueden ser movimientos obvios, como coches circulando, árboles movidos por el viento o gente caminando. También puedes percibir signos sutiles de movimiento y cambio, como las hojas pardas del otoño, las nubes que pasan por el firmamento o un bache que ha ido creciendo.

5 Después de diez minutos, regresa a las sensaciones de movimiento en el cuerpo. Vuelve a enraizarte durante unos instantes, antes de volver a los quehaceres del día.

35

Colorea tu mundo

TIEMPO: 10 MINUTOS

El mundo está lleno de colores diferentes y puedes practicar mindfulness prestando atención a los colores que puedes ver en el momento presente. El ver constituye una experiencia diferente del conectar con el cuerpo o con la respiración, pero ofrece la misma oportunidad de estar profundamente presente. Nos basamos mucho en nuestro sentido de la vista, lo que lo convierte en una poderosa herramienta para el cultivo de la atención plena.

PASOS

1   Puedes realizar esta práctica en cualquier lugar: sentado en tu escritorio, viajando en un autobús o caminando por la calle. Independientemente del lugar en el que decidas practicar, resérvate diez minutos para dedicarte a ella.

2   Establécete en el momento presente. Haz unas cuantas respiraciones conscientes, siente el cuerpo donde esté y permite que tu energía se centre.

3 Elige un color en el que centrarte. Puedes probar a comenzar con el rojo un día y recorrer el espectro del arcoíris, un color cada día.

4 Busca algo que puedas ver del color que has elegido. Míralo con mente de principiante, como si nunca lo hubieras visto antes. Observa qué es, su tamaño y su forma.

5 Después de unos instantes, busca otra cosa que sea de ese color. Observa ese objeto del mismo modo.

6 Siguiendo con esta práctica, date cuenta de cuándo tu mente divaga. Siempre puedes volver a la sensación de la respiración, utilizando esta como un ancla para tu conciencia. Puedes encontrar útil anotar mentalmente, con precisión, lo que estás viendo. Por ejemplo, una señal roja de *stop* no lleva la etiqueta «señal roja de pararse»; se convierte en «rojo, octágono, texto, metal».

7 Cuando hayan pasado diez minutos, permite que los ojos se cierren durante un momento. Haz unas cuantas respiraciones profundas, termina la práctica y vuelve a la vida diaria.

UN DÍA DE COLOREAR: *puedes modificar esta práctica un poco para incorporarla a lo largo del día. Elige un color y utilízalo como un activador de la atención (ver el ejercicio 26, «El disparador de la conciencia»). Mantén ese color en la mente durante todo el día y simplemente date cuenta cuando lo veas. Esta práctica puede recordarte que estés presente a lo largo del día o que vuelvas a la atención plena cuando te veas atrapado en tus actividades diarias.*

SEGUNDA PARTE

36

Escucha total

TIEMPO: 10 MINUTOS

Este ejercicio requiere un compañero. Pide a un amigo o a un ser querido que te acompañe durante diez minutos de práctica. Puede ser un completo principiante en mindfulness o tener una práctica propia. ¡No importa!

En este ejercicio ambos trabajaréis con la práctica de escuchar atentamente. Debes elegir a alguien que sea de tu confianza. La práctica implica cierta vulnerabilidad.

El que está escuchando tiene que hacerlo atentamente, con una mente clara y sin juzgar. Intenta estar presente en la experiencia de la escucha y abandona la necesidad de responder. Al escuchar, debes mantener la conciencia de tu propia experiencia mientras percibes las palabras que el otro está diciendo. Explora lo que significa estar presente mientras se escucha.

Cuando hables, practica el habla consciente. Sé sincero, permítete ser vulnerable y observa las palabras que pronuncies.

PASOS

1 Siéntate frente a tu compañero de manera que vuestras miradas queden a la misma altura. Elegid quién va a hablar primero, mientras el otro escucha.

2 Coloca un temporizador para que suene al cabo de cuatro minutos. Quien hable primero puede empezar hablando acerca de sus objetivos y sus intenciones: para ese día, para sus seres queridos, para su futuro, etc.

3 Cuando se acabe el tiempo establecido, se cambia de rol. Ahora quien había estado escuchando puede hablar sobre sus objetivos y sus intenciones, mientras el otro practica la escucha atenta.

4 Cuando suene el temporizador, permaneced unos minutos conversando. ¿Qué tal ha ido la práctica? ¿Cómo os habéis sentido cuando os ha tocado permanecer sentados simplemente escuchando? ¿Ha sido difícil no intervenir?

INDICACIONES: *podéis cambiar los temas de los que hablar cuando os sintáis listos. En lugar de hablar de vuestras intenciones, podéis hablar de vuestros miedos, vuestros recuerdos felices, cómo está yendo la semana o cualquier otra cosa. Puedes utilizar esta práctica para examinar diferentes partes de tu vida y aprender a estar totalmente presente mientras escuchas.*

SEGUNDA PARTE

37

Bañarse con conciencia plena

TIEMPO: 15 MINUTOS

Ducharse y bañarse son momentos comunes en los que podemos observarnos atentamente. Por regla general, uno deja que su mente divague, pone el piloto automático o se apaga mentalmente. En lugar de eso, puedes emplear ese tiempo para trabajar sobre tu práctica de mindfulness. Convierte tu ducha en un ritual de purificación de tu cuerpo y tu mente, utilizando las indicaciones de este ejercicio. En la ducha, puedes practicar con cualquiera de tus sentidos o con todos ellos. Pero para esta práctica céntrate sobre todo en el cuerpo físico.

PASOS

1   Comienza tu práctica antes de abrir el grifo. Espera un momento y lleva tu atención a la respiración. Siente cómo los pulmones se expanden y se contraen con cada inspiración y cada espiración.

2   Al abrir el grifo, siente tus manos en él, observa cómo el agua comienza a fluir y escucha el sonido de

la ducha. Date cuenta de si la habitación se llena de calor o de vapor.

3 Una vez entres en la ducha, reconoce lo que estés sintiendo. Puedes notar el cambio de temperatura, la sensación del agua sobre la piel o cualquier respuesta del cuerpo al agua.

4 Sigue tu rutina habitual mientras sientes el movimiento, la textura y los puntos de contacto en el cuerpo. Descansa tu atención en las manos y en la piel mientras enjabonas y enjuagas tu cuerpo. Moverte de forma más lenta de lo que lo haces normalmente ayudará a que la mente esté presente.

5 Cuando termines el tiempo de la ducha, no permitas que tu atención desaparezca. Permanece presente mientras cierras el grifo y sales de la ducha. Siente la toalla sobre tu piel cuando te estés secando. Al seguir tus actividades diarias intenta retener esta conciencia del cuerpo.

38

Me gusta...

TIEMPO: 15 MINUTOS

Uno de los modos más agradables de cultivar mindfulnesss es darte cuenta de las cosas que te proporcionan alegría. Al darte el tiempo de apreciar estos momentos estás entrenando la mente para reconocerlos mejor en el futuro. En esta práctica darás un breve paseo fijándote en lo que te hace feliz.

«La alegría no es algo que simplemente nos suceda. Tienes que elegir la alegría y seguir eligiéndola cada día».

—Henri Nouwen, *La voz interior del amor: desde la angustia a la libertad*

PASOS

1 Busca algún lugar por el que caminar. Puede ser un parque, un sendero o alrededor del bloque de pisos en el que vives. No hace falta que estés en un sitio especial.

2 Antes de empezar a caminar, mientras estás de pie, haz unas cuantas respiraciones profundas. Nota la sensación de respirar en tus fosas nasales. Enraízate en la sensación de tus pies en el suelo, percibiendo el peso del cuerpo y la gravedad que te empuja hacia abajo.

3 Comienza a caminar a un paso normal. Al moverte, busca algo que te guste. Puede que no te *encante* todo lo que ves o experimentas, pero probablemente hay cosas que veas, sentimientos que percibas y sonidos que escuches que sí te gusten. Puede ser algo tan sencillo como un color o la forma de un objeto (ni siquiera hace falta que sea el objeto en sí).

4 Cuando percibas algo que te gusta, di para ti mismo: «Me gusta ese árbol», o «Me gusta el color azul», o «Me gusta el canto de los pájaros». Di esto en silencio, mentalmente, cuando percibas algo que te alegre. ¡O si te apetece puedes decirlo en voz alta!

5 Recuerda que en esta práctica no hay nada que sea correcto o incorrecto. Sé auténtico contigo mismo y con lo que te agrade. Cuando la mente divague o emita juicios, vuelve al momento presente enraizándote en la sensación de los pies sobre el suelo a medida que andas. Luego, ábrete otra vez a las experiencias de las que estás disfrutando.

6 Después de quince minutos, más o menos, puedes volver a tu actividad diaria. Esfuérzate un poco en llevar esta práctica contigo a tu vida cotidiana. Cuando notes algo que te guste, por sutil que pueda ser, date cuenta de ello.

39

¿Dónde están los pies?

TIEMPO: 5 MINUTOS

Esta práctica procede de mi formación con terapeutas del trauma. En la terapia del trauma, con frecuencia se anima al cliente a llevar la atención a los pies. Es una práctica de enraizamiento que ayuda a que se implique el sistema nervioso parasimpático, que es responsable de calmar la mente y el cuerpo.

PASOS

1   Piensa en cómo vas a recordar que tienes que sentir los pies durante el día. Puedes poner una nota adhesiva en tu ordenador, un recordatorio en tu móvil o utilizar cualquiera de los otros despertadores de la conciencia que has descubierto. Si pones un recordatorio o una nota adhesiva, escribe la siguiente pregunta simple: «¿Dónde están mis pies?».

2   Durante el día, lleva tu atención a los pies. Percibe como están descansando. Escanea el pie desde el talón hasta el empeine, la punta y la parte superior.

3   Realiza unas cuantas respiraciones mientras sigues prestando atención a los pies. Permite que el cuerpo

y la mente se calmen un poco. Con cada espiración ayuda a que los pies se relajen.

4   Sigue con tu día, dispuesto a que el recordatorio aparezca de nuevo. Cada vez, vuelve a esta breve práctica de relajarse en las sensaciones internas de los pies.

40

Comprar conscientemente

TIEMPO: 15 MINUTOS

Ir al supermercado puede llevarnos a un estado de ansiedad e impaciencia bastante rápidamente. Todas las decisiones que hay que tomar, la multitud de gente y los detalles de nuestra lista de la compra crean las condiciones perfectas para marearnos. Pero con el ajetreo de comprar, esta actividad proporciona también un entorno eficaz para la práctica de mindfulness.

PASOS

1   Antes de entrar en el supermercado, reduce un poco la velocidad para conectar con tu intención de comprar conscientemente. Respirar profundamente permite que el cuerpo se relaje con cada espiración. Deja caer los hombros, relaja el abdomen y libera cualquier tensión que haya en tu mandíbula.

2   Al cruzar la puerta, practica unos instantes de meditación mientras caminas. Siente cada pie cuando se eleva del suelo y se coloca delante de ti. De momento, abandona los pensamientos de la mente pensante y relaja tu atención llevándola hasta los pies.

3 Una vez dentro, tómate unos instantes para situarte y asimilar todo lo que ves. Utiliza las seis puertas sensoriales del mindfulness: la vista, el oído, el olfato, el gusto, el tacto y el pensamiento. Percibe los colores y las luces, cualquier olor que haya en el aire, cómo el cuerpo se sostiene de pie, los sonidos del supermercado y el estado de tu mente. No hay respuestas correctas y respuestas incorrectas, se trata simplemente de conectar con tu experiencia personal.

4 Mientras te diriges a una sección del supermercado para empezar tu compra, mantén la conciencia del cuerpo. Siente cómo los pies en el suelo y los músculos de las piernas funcionan para permitirte el movimiento.

5 Cuando elijas algo para ponerlo en tu carro o tu cesta, mantente en contacto con las sensaciones del cuerpo. Siente el brazo y la mano que se dirigen hacia el artículo. Cuando lo tomes, siente la textura, la temperatura y el peso. Al ponerlo en tu carro, presta atención a la sensación de dejarlo allí.

6 Sigue comprando con esta atención plena al cuerpo. Cada artículo ofrece una oportunidad para practicar, así como lo hace el espacio que hay entre que tomas uno y el siguiente. Cuando llegue el momento de salir (del supermercado, no de tu mente), espera en la cola de manera consciente. Véase el ejercicio 45, «¿Qué estás esperando?», para una práctica del esperar consciente.

AÑADIR NUEVOS SENTIDOS: *si notas que la mente divaga mucho mientras estás comprando, intenta centrarte en uno de tus sentidos. En lugar de percibir simplemente lo que te dice tu cuerpo, sintoniza con los colores que ves o los sonidos que escuchas. Cuando veas el color rojo, sé consciente de que estás viendo el rojo. Cuando oigas hablar a alguien, sé consciente de que estás oyendo hablar a alguien. Esto puede ofrecer a la mente estímulos extra que la ayuden a estar presente.*

SEGUNDA PARTE

41

Detente y huele las rosas

TIEMPO: 15 MINUTOS

Muchas de las prácticas de este libro se centran en la sensación, la escucha y el pensamiento. Pero tu sentido del olfato tiene una conexión especialmente potente con tu mente. Cuando hueles algo, se envía una señal directamente al neocórtex y al sistema límbico, lo que lo convierte en un poderoso desencadenante capaz de inducir recuerdos, emociones y pensamientos. Esta práctica te proporcionará un marco de referencia para investigar el sentido del olfato más profundamente en tu vida.

PASOS

1   Busca un lugar para caminar durante unos quince minutos al aire libre. Puede ser en un parque, en tu barrio o en un sendero por la montaña.

2   Empieza dedicando un momento a enraizarte en el presente. Céntrate en la atención plena del mundo exterior. En lugar de centrarte en el cuerpo, abre los ojos, escucha los sonidos y reconoce dónde estás.

3 Comienza a caminar conscientemente. Puede resultar de ayuda andar más despacio que normalmente. Mantente sintonizado con el mundo que te rodea.

4 Cuando veas algo natural que pueda tener una fragancia, detente y huélelo. Puede ser una flor, una hierba, una planta o el olor de la tierra después de que haya llovido. Al oler, cierra los ojos y lleva toda tu atención al aroma. Sumérgete en la experiencia y haz del sentido del olfato el único centro de tu atención.

5 Después de unos momentos de realizar esto, déjalo estar y sigue caminando. Cuando llegues a otro objeto aromático, detente y huélelo estando muy presente. Permanece curioso y abierto. Esta práctica es diferente al trabajo con otros sentidos, porque tienes que oler algo de manera intencionada en vez de simplemente observar.

6 Cuando termines tu paseo, intenta recordar esta práctica durante el día. Ya estés comiendo, bebiendo té o conduciendo hacia casa, conéctate con los olores que vienen y van. Observa tus reacciones a ellos, ya que a menudo tenemos reacciones positivas o negativas ante los olores.

42

Atención plena a la hora de acostarse

TIEMPO: 10 MINUTOS

Puede que hayas entretejido la práctica de mindfulness con tu vida cotidiana, pero que en cuanto te acuestes en la cama te des cuenta de que la mente comienza a correr. Mientras te acomodas para pasar la noche, puede que la mente no siempre interprete la situación de manera adecuada. Al terminarse los estímulos de la vida diaria, la mente puede parecer que hable más fuerte de lo habitual. Este ejercicio puede utilizarse en esos momentos para calmar la mente y el cuerpo mientras te preparas para dormir.

PASOS

1   De pie, cerca de tu cama, haz unas cuantas respiraciones. Céntrate en el momento presente, llevando tu atención al cuerpo tal como está justo ahora.

2   Cuando entres en la cama, sigue consciente de lo que le ocurre al cuerpo. Al acostarte, siente cómo el cuerpo adopta una posición para descansar.

3 Emplea la respiración para llevar la atención al cuerpo y cultivar la relajación. Al inspirar, siente cómo los pulmones se llenan de aire. Al espirar, siente el cuerpo hundiéndose en el colchón. Imagínate cayendo cada vez más profundamente en el colchón a medida que el cuerpo se relaja con cada espiración.

4 Comienza un escaneo corporal desde la coronilla, descendiendo por el cuerpo hasta la punta de los pies. Cuando la atención se pose en cada parte, relájala y húndete en la cama con cada espiración.

5 Cuando llegues a los dedos de los pies, vuelve al cuerpo de manera global y a la práctica de respirar profundamente. Sigue hundiéndote en el colchón suavemente.

SEGUNDA PARTE

43

Acentuar lo positivo

TIEMPO: 5 MINUTOS

El doctor Rick Hanson, apreciado psicólogo e instructor de mindfulness, señala que el cerebro tiene un sesgo negativo. De manera espontánea, la mente se aferra a las experiencias desagradables para protegerte del peligro. Al buscar activamente momentos de alegría estimulas que el cerebro cambie ese sesgo. Como dice el refrán, aquello en lo que pones la atención, crece: si buscas experiencias agradables, las encontrarás.

En este ejercicio, trabajarás para llevar intencionalmente la atención a los momentos positivos de tu vida.

PASOS

1 Empieza el día con la intención de encontrar cosas buenas. Tienes que ser como un cazador al acecho de aquello que te aporte felicidad.

2 Cuando notes algo que te hace feliz, ya sea que proceda de la aprobación de un proyecto o de la llamada de un amigo, aprovecha plenamente el momento. Primero, date cuenta de tu estado mental. Intenta

identificar la experiencia que se produce en la mente: calma, relajación, dicha, satisfacción, etc.

3   A continuación, lleva tu atención al cuerpo. Céntrate en el pecho, el abdomen y los hombros. Percibe cualquier sensación de bienestar, apertura o alivio de la tensión. Al respirar, haz espacio para percibir la felicidad por todas partes.

4   Sin aferrarte a la sensación, intenta permanecer conectado a la experiencia. Permite que las sensaciones se diluyan de manera natural y date cuenta de cómo van desapareciendo.

5   Permanece abierto durante el día a otras alegrías que puedas experimentar. Recuerda, no tienen que ser grandes momentos de euforia. Puedes utilizar los momentos sutiles de alegría y bienestar.

44

Las personas son personas

TIEMPO: 5 MINUTOS

El mindfulness no es solo una cualidad que aportas a tu cuerpo y a tu mente; también es posible conectar con atención plena con quienes nos rodean. Esto se llama *atención plena externa* y constituye una parte importante de la práctica. Cuando ves a otra persona, ¿la ves como un ser tridimensional? ¿O la etiquetas como «echa un vistazo a la dependienta» o «mamá futbolista» o «compañero de trabajo molesto»? Con práctica, puedes entrenar la mente para ver de manera objetiva a las demás personas como humanos: igual que tú.

PASOS

1   Emprende este ejercicio cuando estés en presencia de otras personas. Puedes estar unos cuantos minutos con esta práctica en el trabajo, en la tienda de comestibles o sentado en un banco del parque. Funciona mejor empezar con personas de las que no sabes mucho, así que recomiendo un lugar público. A medida que vayas practicando, llévala a un nivel superior aplicándolo a tus seres queridos.

2 Cuando veas a alguien, date cuenta de la etiqueta que la mente cuelga a esa persona de manera habitual. Date cuenta de si la encuentras atractiva, cuál es su trabajo o su papel, o cualquier otro juicio rápido. No trates de evitarlo ni niegues la presencia de esos pensamientos; tu mente está diseñada para conceptualizar y etiquetar las cosas, y *todos* juzgamos a los demás. Simplemente date cuenta de cualquier cosa que esté presente.

3 Empieza a observar a esta persona con mente de principiante, como si nunca hubieras visto una persona. Comienza a verla como un ser vivo, que respira, que siente. Reconoce que tiene amigos, un trabajo, un lugar al que debe llegar en cinco minutos, etc. Esta persona ama a la gente y tiene gente que la ama.

4 Lleva la atención a la posible experiencia de esta persona. Como tú, tiene esperanzas, sueños, miedos, tristezas, remordimientos y alegrías. No necesitas conocer toda la historia de su vida para estar seguro de que está sujeta a experiencias emocionales agradables y desagradables.

5 Termina tu práctica ofreciéndole una frase de bondad amorosa, como: «Que seas feliz hoy».

6 Puedes seguir realizando esta práctica con otras personas con las que te encuentres durante el día. Tómate unos instantes para reflexionar, reconocer y ofrecer una frase de bondad amorosa.

45

¿Qué estás esperando?

TIEMPO: 10 MINUTOS

Esperar es algo inevitable en la vida. A menudo cuando estamos esperando (en medio del tráfico, para pagar con la tarjeta de crédito o a que llegue nuestra comida) nos impacientamos o frustramos. Nos centramos totalmente en llegar al principio de la cola y terminar la tarea.

En esos momentos en los que no tienes nada que hacer más que esperar, tienes la oportunidad perfecta para practicar y fomentar el mindfulness.

PASOS

1 Comienza esta práctica en el lugar en que estés esperando durante el día. Ya sea que estés esperando físicamente en una cola o al teléfono, utiliza la experiencia de esperar como la pista para emprender la práctica.

2 Presta atención a aquello que estés esperando. Probablemente estás esperando algo concreto. Lleva esto a tu mente, reconociendo la naturaleza de la experiencia.

3 Comprueba si hay impaciencia o frustración al esperar. Observa la energía del cuerpo que provoca inquietud o el impulso de sacar el móvil de tu bolsillo. Si percibes la energía de la impaciencia, relájate y permite que esté presente.

4 Siente los pies apoyados en el suelo. Escanea suavemente el cuerpo desde el suelo hacia arriba, llevando tu conciencia a cada parte del cuerpo con cada respiración. Emplea el escaneo corporal para estar presente, observando cualquier dificultad que aparezca.

5 Cuando avances en la cola en la que estés o llegues al final, sigue practicando la atención plena al cuerpo. Date cuenta de si se relaja o se estimula cuando estás llegando a los primeros puestos de la cola. Percibe cómo se siente cuando terminas la tarea y has dejado atrás la espera.

SEGUNDA PARTE

46

Bondad sigilosa

TIEMPO: 15 MINUTOS

Conocí esta práctica en un retiro de un día en Los Ángeles. Mientras nuestro grupo meditaba en medio de la ciudad, el instructor explicaba esto como un modo de llevar nuestra práctica al mundo real. Aunque es una práctica de cultivo de la bondad amorosa, también puede ayudarte a dejar el exceso de pensamientos y concentrar la mente.

PASOS

1   Puedes realizar esta práctica caminando, conduciendo o sentado en un lugar en el que estén presentes otras personas. Esto puede formar parte de tu rutina normal, o puedes reservar un momento especial para ello.

2   Elige una persona cada vez, aquella que atraiga tu atención de manera natural. Reconoce que es una persona con esperanzas, sueños, miedos, remordimientos, recuerdos y seres queridos. Igual que tú, esta persona quiere ser feliz. Ofrécele una frase sencilla de bondad amorosa mentalmente, como: «Que el día de hoy te sea propicio».

3 Cambia a la siguiente persona que veas y repite lo mismo. Permítete disfrutar de la práctica de dejar caer «bombas de amabilidad» sobre la gente que ves.

4 Sigue haciéndolo durante varios minutos. Si se acaban las personas, puedes volver a alguien que hayas visitado ya. O puedes ofrecerte un poco de amabilidad a ti mismo.

5 Cuando llegues adonde tuvieras que ir o estés listo para seguir las actividades del día, abandona las frases de bondad amorosa. Pero no dudes en volver a ellas en cualquier momento como recordatorio de tu intención de ser amable.

SEGUNDA PARTE

47

Medios de comunicación conscientes

TIEMPO: 20 MINUTOS

Igual que introduces comida en tu cuerpo, consumiendo tanto opciones saludables como otras que no lo son, también consumes durante el día lo que dicen los medios de comunicación. Escuchas música, observas la televisión, lees las noticias, etc. Aunque todo ello puede proporcionar conocimiento y entretenimiento, también puede crear ansiedad y estrés en nuestras mentes y nuestros cuerpos o cortar nuestra conexión con la mente.

Este ejercicio ofrece unas cuantas maneras diferentes de llevar la atención plena a esos momentos de consumo. No tiene por qué hacerse necesariamente paso a paso.

PASOS

1 Primero, piensa en qué impacto puede producir lo que estás eligiendo consumir. ¿Estás leyendo las noticias para informarte o para alimentar la frustración? Quizás el espectáculo televisivo que estás viendo contiene demasiada violencia y altera tu sistema nervioso. No se trata de etiquetar un espectáculo, una historia o una canción como bueno o malo. Lo que interesa es reconocer los efectos de tu elección.

2   Cuando consumas algún producto de los medios de comunicación, observa la respuesta de la mente y del cuerpo. Si estás viendo la televisión, apaga el volumen durante los anuncios para interiorizarte un poco. Cuando leas una historia en las noticias, haz una pausa de vez en cuando. Observa si surge estrés, ansiedad o si se acrecienta la energía en el cuerpo.

3   Ya sea que estés viendo la televisión, leyendo noticias o escuchando música, intenta estar totalmente presente en tu experiencia. Observa a los individuos que aparecen en la pantalla, presta atención a los detalles de la historia que leas y escucha los instrumentos específicos de una canción. Bucea en la experiencia con toda tu atención.

ACABAR CON EL CONSUMO

Quizás creas que esta práctica arruina la experiencia de desconectar; la mayoría de nosotros ve la televisión, por ejemplo, como un modo de salir de sí, no de entrar en uno mismo. Cuando empieces a seleccionar mejor tus elecciones, puede que haya menos entretenimiento en el sentido tradicional. Esto es normal, y forma parte de la práctica. Mira si puedes apreciarlas y conservar una actitud relajada en estas experiencias e intenta no tomártelas demasiado en serio. Date cuenta de la alegría, la risa y otras reacciones positivas que tengas en relación con lo que consumes.

SEGUNDA PARTE

48

Conducir con atención plena

TIEMPO: 10 MINUTOS

Conducir puede convertirse en un momento de estrés, en el que se pone el piloto automático o directamente uno se enfurece. Pero, de manera similar a lo que sucede con el baño consciente, es una oportunidad de lujo para cultivar mindfulness, en parte porque constituye una transición natural entre una parte del día y otra.

¡Si eres tú quien conduce, recuerda que la seguridad es la prioridad número uno! Puedes intentar realizar esta práctica en un *parking*, en un barrio tranquilo o en un lugar en el que te sientas totalmente cómodo detrás del volante. El conducir consciente puede ayudarte también a conducir menos distraído, haciendo que seas mejor conductor.

PASOS

1 Empieza esta práctica antes de comenzar realmente a conducir. Cuando estés sentado en tu coche, siente los puntos de contacto. Conecta con los pies, que tienes puestos en los pedales, con la sensación de estar

sentado en el asiento y con las manos en el volante. Cuando enciendas el contacto, experimenta y escucha la sensación de que el coche se pone en marcha.

2 Al comenzar a moverte, presta atención a la experiencia de conducir. No tienes que hacer nada especial. Simplemente observa tu experiencia, con conciencia del momento presente. Date cuenta de los otros coches, de los ruidos al conducir y de cualquier otra cosa que surja.

3 Intenta utilizar la práctica de anotar mentalmente. Así, cuando oigas el intermitente, anota «intermitente». Cuando gires el volante, anota «girando». Date cuenta de cualquier movimiento, los sonidos, lo que ves y las sensaciones corporales mientras conduces.

4 Si ves a otro conductor, intenta ofrecerle una frase de bondad amorosa. Puedes decirle: «Que conduzcas con tranquilidad».

SEGUNDA PARTE

49

Matar el tiempo

TIEMPO: 10 MINUTOS

Por muy ocupado que estés, siempre hay algunos momentos en los que lo único que necesitas es «matar el tiempo». Puedes recorrer los medios de comunicación social, jugar a algo en tu móvil o leer las noticias. Cuando tengas unos minutos para matar el tiempo, puedes emplearlo como un período de práctica. En lugar de decirte que estos hábitos son malos o erróneos, puedes utilizarlos como centro de tu atención plena, haciendo de ese modo que sean más restauradores y sosegados.

Puedes realizar este ejercicio para tomarte un descanso del trabajo o de la casa, empleando esos pocos minutos para llegar al momento presente. Este ejercicio se centrará específicamente en el uso del móvil, ya que es un modo común, para muchos de nosotros, de observar cómo estamos durante el día.

PASOS

1 Cuando tengas unos minutos de sobra, en los que normalmente perderías el tiempo, date cuenta del impulso habitual a *perder* el tiempo. (Esto no quiere decir que etiquetes el hábito como erróneo o malo; se trata solo de observar).

2 Cuando empieces a participar en tu método normal de matar el tiempo, lleva tu atención a dicho acto. Si sacas tu móvil, presta atención a tu estado mental mientras lo haces. ¿Puedes estar totalmente presente mientras empiezas a recorrer los medios sociales, a jugar en el móvil o a leer historias nuevas?

3 Utiliza el sentido de la vista como objeto de tu atención. Observa lo que haces cuando estés haciéndolo. Presta atención al cuadro en su conjunto y a las partes individuales de lo que estás viendo. Date cuenta de los colores, las formas, el movimiento y cualquier cosa que atraiga tu atención.

4 Cuando toques la pantalla o interactúes con tu móvil, sé consciente de la interacción entre el cuerpo y el aparato.

5 Sigue «matando el tiempo» conscientemente, estando atento a las acciones con una conciencia suave. No te juzgues por tomarte un descanso. Puedes estar orgulloso de utilizar tu descanso para cuidarte y cultivar mindfulness.

SEGUNDA PARTE

50

Aquietar la mente

TIEMPO: 10 MINUTOS

A medida que avanza el día puedes percibir que tu práctica se aleja cada vez más de tu conciencia. La mente sigue funcionando con el piloto automático durante horas y horas. A veces esto puede dar lugar a sentimientos de ansiedad o a un pensamiento acelerado.

Siempre puedes utilizar esta práctica de aquietar la mente para ayudarte a volver a la conciencia calmada. Cuando estás centrado y relajado eres más productivo y más capaz de atender mejor a tu experiencia.

PASOS

1   Deja lo que estés haciendo para dedicar diez minutos a la práctica. Date cuenta de cómo le suena esto a la mente. Si surgen pensamientos sobre las tareas del hogar o sobre el futuro, simplemente date cuenta de que están presentes.

2   Emplea la respiración para ayudar a relajar el cuerpo. Al inspirar, invita al estado de relajación. Al espirar, permite que los músculos se relajen.

3 Reconoce que, aunque la mente quizás no siempre haga lo que tú quisieras que hiciera, es ella la que te permite experimentar alegría, placer y gratitud. Comienza ofreciéndole unas cuantas frases de bondad amorosa con la intención de construir una relación más amable con sus pensamientos. Puedes utilizar las frases: «Que mi mente esté tranquila» y «Que yo esté tranquilo con mi mente».

4 Sigue repitiendo estas frases, dirigiéndolas hacia la mente. Utilízalas mentalmente como objeto de tu atención. Intenta escuchar las palabras en tu cabeza y conecta con el significado de la frase.

5 Cuando notes que la mente está agitada, ansiosa o hiperactiva, utiliza una nota de una sola palabra. Anota «pensando», «ansioso» o cualquier otra cosa que esté presente. Luego, vuelve a las frases.

6 Sigue con la repetición de frases hasta que termine el tiempo. Recuerda ser amable, sin forzar la concentración. Si la mente divaga, simplemente toma nota de que lo está haciendo y vuelve a centrarla con amabilidad.

LLEVAR LA MENTE QUIETA CONTIGO: *puedes llevar esta práctica contigo mientras vuelves a la vida cotidiana. A lo largo del día, date cuenta de los momentos en los que la mente está especialmente activa o agitada. Utilízalo como un activador de la conciencia para detenerte un momento, darte cuenta de los pensamientos que estás experimentando y ofrecer a la mente un deseo de tranquilidad. Puedes hacer esto un par de veces y luego volver a lo que* *estuvieras haciendo. Esto vuelve a entrenar la mente para responder con amabilidad y conciencia, en lugar de caer víctima de los pensamientos que surjan.*

Estados de ánimo conscientes

Las experiencias difíciles, dolorosas o desafiantes a menudo nos sacan de la atención plena, y todos experimentamos ansiedad, frustración, tristeza y rabia. En esos momentos tienes la oportunidad de responder como quieras. Al atender a tus emociones dolorosas con atención plena, aprendes nuevos modos de trabajar con ellas en lugar de apartarlas o luchar contra ellas. Con el tiempo serás menos reactivo y más capaz de hacer frente a los momentos difíciles con cuidado y con consciencia.

Los ejercicios de esta parte ofrecen varias técnicas y herramientas para ayudarte a enfocar los días duros con consciencia, compasión e indulgencia.

51

Calmar el cuerpo

TIEMPO: 15 MINUTOS

Cuando la mente se agita, generalmente el cuerpo la sigue. Afortunadamente, la relación entre la mente y el cuerpo es bidireccional. Al calmar el cuerpo, la mente se relajará también.

Aprendí esta práctica el mes que estuve meditando con Thanissaro Bhikkhu, un monje de la Tradición del Bosque del budismo Theravada tailandés.[*] Es un modo potente de facilitar que el cuerpo se relaje. Y puede hacerlo todo el mundo.

PASOS

1   Elige una postura en la que realizar este ejercicio. Puedes hacerlo sentado, de pie o tumbado. Puede hacerse en cualquier lugar o en cualquier momento que necesites calmarte.

2   Permite que los ojos se cierren. Conecta con la sensación de la respiración en las fosas nasales. Puede ser

---

[*] N. del T.: La tradición tailandesa del bosque (*kammatthana*) es un movimiento libremente organizado dentro del budismo Theravāda tailandés, que enfatiza la meditación y la adherencia estricta al código monástico (*vinaya*) por encima de la búsqueda intelectual.

de ayuda hacer algunas respiraciones profundas para llegar a la experiencia del momento presente.

3   Comienza con el brazo izquierdo. Al inspirar, imagina que el brazo se llena con la energía de la respiración. Al espirar, imagina que expulsas la energía a través de las yemas de los dedos. Conecta con el brazo mientras lo haces, manteniendo en tu conciencia tanto el cuerpo físico como la visualización. Cuando la mente divague, saltando de pensamiento en pensamiento, llévala de nuevo a la respiración suavemente.

4   Después de dos o tres minutos, cambia al brazo derecho. Inspira, llenando el brazo con la energía de la respiración. Espira y libera la energía a través de las yemas de los dedos de la mano derecha. Continúa con el brazo derecho durante unos minutos.

5   Ahora, cambia tu atención al torso. Visualiza que llenas el pecho y el abdomen con la energía de la respiración mientras inspiras. Al espirar, extrae la respiración a través de la base de la columna vertebral y del coxis.

6   Después de unos minutos, continúa con cada pierna. Comienza con la pierna izquierda durante un par de minutos, eliminando la respiración a través del pie. Cambia a la pierna derecha y sigue la misma práctica durante dos o tres minutos más.

7   Al final, intenta reunir todo. Inspira y llena todo tu cuerpo con la respiración. Imagina el cuerpo llenándose con la energía de la respiración desde la cabeza hasta las puntas de los pies. Al espirar, deja salir la respiración a través de las yemas de los dedos, la base de la columna y los pies.

52

Gestionar la negatividad

TIEMPO: 10 MINUTOS

Por mucho que intentes tener pensamientos positivos y ser optimista respecto al futuro, algunos pensamientos desagradables seguirán surgiendo. No pueden evitarse y no tiene sentido hacer como si no estuvieran presentes. Tu práctica de mindfulness puede ayudarte a aproximarte a estos pensamientos con curiosidad. A medida que vayas comprendiendo los patrones de tus pensamientos negativos, ya no te engancharán de manera tan intensa. Puedes aprender a permitirles estar presentes sin dejar que te consuman.

Este ejercicio es una práctica de dejar ir los pensamientos, de modo que lo mejor es hacerla cuando surgen pensamientos negativos.

PASOS

1   Cierra los ojos y conecta con los puntos de contacto del cuerpo. Percíbete enraizado y estable cuando te sientes. Respira profundamente, mientras notas el cuerpo sostenido por la silla o el cojín.

2   Presta atención a la experiencia que se esté dando en tu mente. Date cuenta de cualquier pensamiento

175

cuando surja e intenta identificar las emociones que los acompañan. Presta una atención especial a los pensamientos negativos y observa lo que estás sintiendo o pensando. Intenta evitar la palabra *negativo*, y en su lugar identifica cada pensamiento como triste, desagradable, irritante, doloroso o como sea.

3 Sigue durante cinco minutos, percatándote de cualquier pensamiento y de los sentimientos que lo acompañan.

4 Haz que el centro de esta práctica sea la *transitoriedad*. Observa cada pensamiento y reconócelo a medida que va pasando. Sigue percibiendo qué piensas y qué sientes, utilizando frases como notas mentales, por ejemplo: «Ir y venir» o «Surgir y pasar».

5 Después de cinco minutos, vuelve al cuerpo para realizar unas cuantas respiraciones profundas. Recuérdate que los pensamientos vienen y van, y que tienes la posibilidad de elegir si te crees cada uno de ellos o no.

ABANDONAR LOS JUICIOS: *puedes ver que el título de este ejercicio incluye la palabra* negatividad, *pero la práctica puede incluir cualquier pensamiento, independientemente de su tono. Cuando identificas los pensamientos como negativos, inmediatamente invitas a que haya un juicio y una resistencia a ellos. En lugar de eso, intenta darte cuenta del tono afectivo de cada pensamiento, a menudo desagradable. Esto puede evitar que emerjan juicios acerca de la mente.*

53

Detener el parloteo mental

TIEMPO: 15 MINUTOS

El parloteo mental es una poderosa forma de pensamiento ilusorio. Se piensa sobre el pasado obsesivamente, a pesar de que no se puede cambiar lo ocurrido. Te cueces en tus resentimientos, vuelves a reproducir conversaciones, te martirizas y revives un suceso una y otra vez. Nos pasa a todos, y puede ser muy doloroso. La práctica de mindfulness te ayuda a ver esos patrones claramente, a responder a ellos con comprensión paciente y a comenzar a desapegarte de su poder.

El parloteo mental a menudo se muestra como «ruido de fondo», una corriente constante de negatividad obsesiva que te ensombrece a lo largo del día. Esta práctica te ayudará a llamar a la voz interior hacia la luz, diseccionarla e incluso reducir el dominio que tiene sobre ti.

PASOS

1 Cierra los ojos y permite que el cuerpo se relaje. Emplea la respiración para ayudar a facilitar la tranquilidad del cuerpo. Con cada espiración, afloja los músculos un poco más. Puedes llevar la atención de

manera especial al abdomen, los hombros y las mandíbulas.

2   Observa cómo los pensamientos atraviesan la mente. Si el parloteo mental se ha centrado en algo específico, reconoce el suceso o la situación sobre los que estás pensando.

3   Dale la vuelta a esto en la mente y examínalo desde un lugar de curiosidad e interés.

4   Comienza a cultivar la ecuanimidad, el estado de equilibrio y no apego en medio de las emociones cargadas. Pregúntate si eres capaz de cambiar esta situación del pasado. Ofrece algunas frases de ecuanimidad y compasión:

No puedo cambiar el pasado.
Que pueda yo tener tranquilidad mental.
Que pueda yo hacerme cargo de esta dificultad.

5   Después de unos minutos de esto, dirige tu atención hacia el presente. Aunque no puedes controlar el pasado, sí que tienes poder sobre tus acciones justo ahora. Sustituye el parloteo mental por el reconocimiento de que puedes elegir actuar de maneras que fomenten la felicidad. Ofrece estas frases silenciosamente:

Que pueda yo actuar con sabiduría.
Que pueda yo responder con compasión.
Que pueda yo seguir adelante.

6 Sigue con las frases durante cinco minutos aproximadamente. Cuando el parloteo retorne, vuelve a las frases y a tu intención de seguir hacia delante.

7 Al terminar tu período de práctica, lleva estas frases contigo. En cuanto la mente caiga en el patrón de pensar sobre el pasado, ofrece una frase de ecuanimidad o una acción sabia.

TERCERA PARTE

54

Liberando la válvula de presión

TIEMPO: 10 MINUTOS

Algunas emociones están cargadas con una energía especialmente fuerte. La mente se vuelve muy activa y el cuerpo se pone tenso. A menudo esto ocurre cuando se está enfadado, ansioso o agobiado. En esos momentos puedes beneficiarte de «dejar salir cierta cantidad de vapor». Puedes utilizar este ejercicio para aliviar la presión del momento y aportar cierta suavidad a tu experiencia.

PASOS

1   Empieza cerrando los ojos y conectando con la respiración. Llena el pecho completamente y vacíalo de manera lenta y suave. Haz unas cuantas respiraciones profundas así, poniendo tu atención en la expansión y la contracción del pecho.

2   Reconoce lo que estás sintiendo. En un esfuerzo por no apropiártelo completamente ni permitir que te consuma, intenta darle un nombre que evoque un poco de amor. Por ejemplo, si te sientes enfadado,

puedes darte cuenta de que «el Buda enfadado» está presente. O puedes darle un nombre como «Juanito». Esto te ayudará a separarte de la emoción, al mismo tiempo que te estimula para gestionarlo desde un lugar de dulzura.

3   Observa si puedes hallar un lugar en el cuerpo en el que la emoción esté presente. Puedes sentir opresión en el pecho, un vacío en el estómago o tensión en los hombros. En lugar de intentar liberarte de esa sensación, hazle espacio. Imagina la emoción como una bola densa en ese lugar y permítele que se expanda y se abra camino a través de todo el cuerpo. Mantén cierta conciencia de la respiración para ayudar a estabilizarte durante esta práctica.

4   Finalmente, inspira la esencia de la emoción y espira su energía. Puedes imaginarte permitiendo que la emoción se disipe suavemente mientras respiras. No trates de apartar los sentimientos; más bien permite amablemente que sigan su camino. Puedes incluso decir adiós al Buda enfadado o a «Juanito».

55

¿Qué es esta emoción?

TIEMPO: 10 MINUTOS

Este ejercicio es una adaptación de algunas de las prácticas del escaneo corporal que se recogen en este libro, así como de los ejercicios anteriores basados en la emoción. Es especialmente útil cuando te sientes abrumado por la emoción e incapaz de articular lo que está pasando.

Para este ejercicio necesitarás un bolígrafo y un papel o un diario.

PASOS

1   Dedica diez minutos a esta práctica. Puedes utilizarla en cualquier momento del día, pero es especialmente útil cuando percibes una emoción presente fuerte. Puede que estés experimentando ansiedad y estrés, o algo agradable, como alegría o gratitud.

2   Con los ojos abiertos, lleva tu atención al cuerpo. Reconoce los puntos en los que puedes sentir esta emoción. Por ejemplo, muchas personas experimentan ansiedad en el pecho, el estómago y las extremidades. A menudo surge rabia o miedo en el estómago, o

provocan tensión en los hombros, y dan como resultado un ceño fruncido.

3   Al reconocer la experiencia emocional en el cuerpo, escribe lo que sientas. Anota dónde sientes algo y cómo lo percibes. Sigue alternando entre observar el cuerpo y escribir tus observaciones. Sé todo lo específico que puedas.

4   Cuando hayas cubierto la experiencia en el cuerpo, dirige tu conciencia hacia la mente. Busca tanto los pensamientos individuales como los estados mentales generales. Un estado mental puede ser por ejemplo ansiedad, esperanza o el deseo intenso de arreglar algo. Los pensamientos individuales pueden ser acerca de una persona, un suceso o un problema que necesita resolverse. Una vez más, escríbelo todo cuando lo percibas.

5   Finalmente, permite que los ojos se cierren durante un minuto o dos. Conecta con el sentido de la vista con los ojos cerrados. Date cuenta de si la vista percibe oscuridad o luz, si hay movimiento o si la mente está visualizando algo. No hay una respuesta que sea correcta. Al abrir los ojos y escribir tu experiencia en el papel, abandona todo juicio.

6   Lee lo que has escrito, con cuidado y lentamente. Cuando termines, observa si sientes más claridad respecto a tus emociones.

TERCERA PARTE

DESEO Y AVERSIÓN

Habitualmente, la mente desea experiencias placenteras y siente aversión hacia las desagradables. En la práctica de mindfulness, el deseo y la aversión se consideran las dos causas principales del sufrimiento. Date cuenta de cuándo te descubres deseando más experiencias placenteras o rechazando las desagradables. No hace falta que cambies ni que retengas nada. Observa cuándo la mente cae en experiencias o sentimientos de «me gusta» o «me disgusta», e incluye esto en tus notas mientras escribes sobre tu experiencia.

TERCERA PARTE

56

Enfriando el fuego

TIEMPO: 15 MINUTOS

La ira es una emoción que puede consumirte completamente, haciendo que actúes de maneras que son perjudiciales o improductivas. Cuando surge la ira, la mente puede caer víctima de pensamientos, juicios y obsesiones duros. Creando espacio y respondiendo a tu rabia con conciencia compasiva, puedes construir resiliencia y ajustar tu respuesta a la ira. Este ejercicio ofrece un modo de lidiar con la ira cuando estás justo en medio de ella.

PASOS

1   Cuando percibas que surge rabia, frustración o irritación, permite que tus ojos se cierren. Date cuenta de que estás sintiendo ira. No intentes liberarte de ella ni hacer como si no estuviera.

2   Inspira profundamente hacia el abdomen. Siente el pecho y el estómago llenos de aire y espira lentamente. Cuando espires, haz un esfuerzo para vaciar realmente los pulmones. Respira profundamente durante los primeros minutos.

3 Lleva a tu mente la situación que está provocando ira. Cuando eres nuevo en esta práctica, es útil trabajar con algo que es moderadamente frustrante, ya que el sentimiento de rabia total puede ser demasiado abrumador.

4 Cuando conectes con la ira que surge en la mente, permítete sentir lo que ocurre en el cuerpo. Percibe las sensaciones que indican rabia. Puede que sientas tensión en los hombros, respiración superficial, un vacío en el estómago u otros diversos cambios en el cuerpo.

5 Atiende cada experiencia corporal con una conciencia compasiva. Reconoce la tensión anotando mentalmente «tensión» y permaneciendo en la experiencia durante unas cuantas respiraciones. Luego, abre tu conciencia y mira qué más está ocurriendo en el cuerpo.

6 Después de diez minutos de examinar la ira en el cuerpo, dirige la conciencia a la mente. Pregúntate qué puede subyacer a la ira o provocarla. Puede que sean sensaciones dolorosas, una traición, querer controlar algo o cierta falta de seguridad. Si al principio no puedes encontrar nada, espera pacientemente para ver si surge algo.

7 Cuando percibas que algo subyace bajo la ira, ponle nombre. Si descubres que estás herido, anota «herido». Responde con una frase de compasión, como: «Que pueda yo aprender a ocuparme de este dolor».

8 Cuando termines esta práctica, tómate un descanso para escribir en el diario. Escribe lo que has percibido en el cuerpo, lo que has descubierto detrás de esa ira y cómo viviste el intentar responder con compasión. Mientras sigas experimentando ira, te sentirás capaz de verla con sabiduría y paciencia.

Tercera parte

57

Sonreír

TIEMPO: 10 MINUTOS

La práctica de mindfulness implica percibir cómo te sientes. En lugar de evitar o reprimir el dolor, lo aceptas con cariño y atención. Pero eso no significa que tengas que apalancarte en el dolor, sin hacer nada. La simple práctica de sonreír puede activar la alegría en la mente y el cuerpo, ayudando a aliviar parte de ese dolor. En este ejercicio, te conectarás conscientemente con cómo te sientes, para llevar una sonrisa amable a tu rostro.

> «A veces tu alegría es la fuente de tu sonrisa, pero en otras ocasiones tu sonrisa es la fuente de tu alegría».
>
> –Thich Nhat Hanh

PASOS

1 Permite que los ojos se cierren y busca una postura cómoda al sentarte. Si puedes hacerlo, mantén la columna vertebral recta para invitar tanto a la energía como al estado de alerta en la mente y el cuerpo.

2 Comienza llevando tu atención a las sensaciones del cuerpo al respirar. Empieza con el abdomen, conectándote con su expansión y su contracción. Deja que el cuerpo respire por sí mismo; no necesitas respirar de un modo determinado.

3 Después de dos minutos, lleva tu atención al pecho. Siente la expansión y la contracción en él a medida que el cuerpo continúa respirando. Cuando te des cuenta de que la mente ha comenzado a divagar, simplemente vuelve a llevar tu conciencia al pecho. Permite que pasen dos minutos más.

4 Ahora lleva tu atención a las fosas nasales. Puedes sentir la respiración en la punta o la base de la nariz o en el labio superior. Presta atención a la sensación sutil que se produce ahí al respirar.

5 Abre tu conciencia ligeramente para escanear la cara. Desde la frente hasta la barbilla, sé consciente de lo que puedas sentir físicamente. Conecta con los ojos, la boca, la mandíbula, las mejillas y cualquier cosa que atraiga tu atención.

6 Finalmente, permítete sonreír ligeramente. Puedes estimularlo intentando pensar en algo que te proporcione alegría. Al sonreír, percibe cómo están la cara y la respiración. Conecta con cualquier cambio que se produzca en la respiración, en los músculos de la cara o en cualquier sensación que surja.

7 Puedes intentar dejar de sonreír y volver a hacerlo varias veces, conectando cada vez con la experiencia del cuerpo cuando lo haces.

TERCERA PARTE

8 Cuando completes la práctica y permitas que los ojos se abran, mantén la sonrisa durante un momento. Deja que la sonrisa se apague lentamente por sí misma.

58

Respirar con los dedos

TIEMPO: 5 MINUTOS

Conocí esta práctica a través de mi esposa, Elizabeth. Como terapeuta de parejas y de familias, ella integra mindfulness en su trabajo con adolescentes y adultos jóvenes. Aunque utiliza este ejercicio con jóvenes, me parece que es útil con personas de todas las edades. Esta técnica es excelente para enraizarse, centrarse y calmar la mente

PASOS

1   Incorpora esta práctica cuando desees, durante unos momentos de mindfulness. Puedes estar conduciendo, sentado, de pie o andando.

2   Comienza con el dedo pulgar en la base del dedo meñique de la misma mano. Al inspirar, lleva suavemente el pulgar a la punta del dedo meñique.

3   Detente un momento entre la inspiración y la espiración y presiona suavemente las yemas del pulgar y del meñique.

4   Al espirar, vuelve a llevar el pulgar, con suavidad, a la parte inferior del dedo meñique.

5 Continúa esta práctica con otros dedos. Cuando llegues al índice, vuelve al meñique.

6 Puedes hacer esto tantas veces como quieras. Utiliza una mano o las dos, o alterna entre ellas. A medida que te mueves de dedo en dedo y respiras, pon tu atención en la sincronización de la respiración y el movimiento de las manos.

59

Prolonga la espiración

TIEMPO: 10 MINUTOS

Este ejercicio procede también de Elizabeth. La manera de respirar con el cuerpo puede decirte mucho acerca de lo que estás experimentando. Cuando estás ansioso o rabioso, puedes descubrir que la respiración es superficial y rápida. Cuando estás descansando, la respiración se hace más lenta y a menudo más profunda. La relación entre la respiración y el cuerpo y la mente es bidireccional. Al respirar más profundamente le estás diciendo al sistema nervioso que te encuentras a salvo. Este ejercicio apela al sistema nervioso parasimpático, que es responsable de las sensaciones de seguridad, relajación y tranquilidad.

PASOS

1   Puedes utilizar esta práctica en cualquier momento. Funciona bien cuando estás experimentando ansiedad, rabia o cualquier otra emoción que aumente la frecuencia cardíaca.

2   Hazte consciente de la respiración. Puedes elegir un lugar del cuerpo en el que centrarte. El abdomen y el pecho funcionan bien para este ejercicio.

3 Durante el primer minuto, más o menos, inspira durante tres segundos y espira durante cuatro. Trata de contar lo mejor posible mentalmente los segundos.

4 Prolonga la respiración un poco, inspirando durante cuatro segundos y espirando en cinco segundos.

5 Después de un minuto o dos, sigue alargando la respiración. Inspira durante cinco segundos y espira durante siete segundos. Mantén tu atención en la sensación corporal al respirar.

6 A medida que transcurren los minutos, prolonga tus inspiraciones y espiraciones tanto como puedas. No te esfuerces, pero anímate a respirar más profundamente. Recuerda que la espiración debe ser más larga que la inspiración.

7 Después de diez minutos, abandona la cuenta y realiza unas cuantas respiraciones profundas a tu propio ritmo. Regresa a tu vida cotidiana volviendo a tu respiración superficial inmediatamente.

TERCERA PARTE

60

Atender a la dificultad

TIEMPO: 10 MINUTOS

Cuando hacemos frente a una emoción difícil, a menudo buscamos modos de cambiar cómo nos sentimos, intentando «trascender» la experiencia emocional o poner la atención en otra parte. Atender a estos momentos con atención plena exige un poco de paciencia y compasión. Al ocuparte de la experiencia dolorosa, puedes permitirte sentirla y verla con claridad. Este ejercicio te ayudará a practicar el estar con la dificultad, en lugar de rechazarla.

PASOS

1   Comienza esta práctica cuando estés experimentando algo difícil. Puede ser una experiencia emocional, como la ira; una experiencia mental, como pensamientos acelerados; una experiencia externa, como un día de trabajo estresante, o cualquier otra dificultad a la que te estés enfrentando durante el día.

2   Cuando te des cuenta de que estás teniendo un momento difícil, lleva tu conciencia a la experiencia. En lugar de rechazarla o resistirte, vuélvete hacia ella.

3 Coloca la mano sobre el corazón. Esto estimula el nervio vago, lo que activa el sistema nervioso parasimpático.

4 Mientras reconoces el dolor y mantienes la mano sobre el corazón, ofrécete unas cuantas frases. Estas frases te ayudan a reconocer la dificultad, volverte hacia ella y responder con compasión:

Este es un momento doloroso (o incómodo, difícil, etc.).
No puedo evitar todo dolor en la vida.
Me hago cargo de este sufrimiento.

5 Repítete estas frases con la intención de hacerte cargo de la dificultad. Si la mente intenta fijar el dolor o disolver el problema, simplemente vuelve a las frases y a la compasión hacia ti mismo.

6 Después de diez minutos, deja ya las frases y quita la mano del pecho. Puede que la dificultad no se haya ido, pero recuerda que puedes acceder a las frases siempre, durante todo el día.

TERCERA PARTE

61

Corazón tierno hacia los otros

TIEMPO: 15 MINUTOS

Los seres humanos somos criaturas sociales que pueden ser hermosas cuando todos nos llevamos bien. Otras veces, podemos hacernos daño o fastidiarnos unos a otros. El corazón construye una barrera, cerrándose ligeramente, para protegernos y asegurar que estamos a salvo y tranquilos.

En lugar de cerrar el corazón, puedes abrirlo y entrenarlo para responder con cariño hacia quienes te producen frustración. Esta es una práctica de amor bondadoso y de reconocimiento del daño causado.

PASOS

1   Al cerrar los ojos y buscar una postura de meditación cómoda, lleva bondad amorosa a la mente y el cuerpo. Sin forzarte, permítete establecerte suavemente en la conciencia del tiempo presente.

2   Trae a tu mente a alguien que relaciones con la dificultad. Si es la primera vez que realizas este ejercicio, intenta elegir a alguien que te suponga una reacción

difícil moderada. Puede ser alguien que te fastidia o a quien encuentras frustrante por alguna razón.

3   Reflexiona sobre el hecho de que es una persona que se halla sujeta a experiencias emocionales de alegría, amor, tristeza y pena, igual que tú. Empieza imaginándola con una sonrisa en su rostro.

4   Comienza ofreciéndole unas cuantas frases de alegría agradecida, recordando que la intención de la práctica es abrir tu propio corazón para ocuparte de la felicidad de esa persona. Utiliza estas frases:

Que puedas ser feliz.
Que tu felicidad continúe.
Que yo esté feliz para ti.

5   Después de unos minutos, imagina a esa persona experimentando dolor o tristeza. Anota cualquier respuesta de tu cuerpo o tu mente, mientras haces eso. Empieza ofreciendo unas cuantas frases de compasión por sus dificultades. No pasa nada si no sientes esas frases completamente. Ofrécelas en la medida en que seas capaz en este momento.

Que puedas estar libre de sufrimiento.
Veo tu dolor.
Me preocupa tu dolor.

6   Finalmente, lleva a tu mente qué es lo que encuentras difícil en esa persona. Conecta con la respuesta de la mente y el cuerpo a medida que elevas la dificultad.

Responde con unas cuantas frases de compasión hacia ti mismo, poniendo la intención de ocuparte de la experiencia desagradable.

Que pueda yo estar libre de sufrimiento.
Que pueda yo ver mi dolor con claridad.
Que pueda yo responder con compasión.

TERCERA PARTE

62

Perdonar las faltas

TIEMPO: 15 MINUTOS

La palabra *resentimiento* procede de raíces latinas. Su significado original era 'sentir otra vez'. Todos nosotros lidiamos con resentimientos, aferrándonos al daño que se nos causó en el pasado. Esta es una experiencia dolorosa. Cuando te aferras de ese modo, sientes el dolor una y otra vez.

A veces, esos resentimientos dan la impresión de que ofrecen seguridad respecto a daños futuros. Pero con el perdón, puedes liberar espacio en el corazón para permitir que el amor y el cariño echen raíces. La práctica del perdón te ayudará a soltar esas experiencias dolorosas y ofrecerá libertad a tu mente y a tu corazón.

PASOS

1 Busca una postura de meditación cómoda e invita a que el cuerpo esté relajado desde el principio. Date cuenta de cualquier incomodidad o tensión en el cuerpo e intenta suavizarlas.

2 Lleva a tu mente a alguien hacia quien te sientas resentido. Cuando seas nuevo en esta práctica, no elijas el resentimiento más intenso que haya en tu corazón.

En vez de eso, empieza con algo que sea un poco más fácil. Percibe el daño que se te causó y por qué te sientes resentido.

3 Conecta con la intención de cultivar un corazón abierto y amoroso. Si hay resistencias, date cuenta de su presencia sin rechazarlas. Lleva algún tiempo volver a abrir el corazón, así que no fuerces nada.

4 Comienza ofreciendo frases de perdón, conectando con las palabras tanto como puedas. Di una frase lentamente en tu mente, hallando un ritmo. Puede ser útil ofrecer una con cada espiración. Emplea estas frases:

Te perdono [o te perdono hasta donde soy capaz en este momento].
Que pueda yo liberar este dolor de mi corazón.

5 Después de seis o siete minutos de ofrecer perdón, abandona esas frases. Vuélvete hacia ti mismo, reconociendo que también tú has causado daño a otros; simplemente reconoce que ciertamente has causado dificultades a otros, fuera de forma intencionada o no. Lleva a tu mente a una persona específica que hayas herido. Empieza pidiéndole perdón, utilizando estas frases:

Pido perdón por cualquier daño que te haya causado.
Que puedas hallar espacio en tu corazón para perdonarme.
Perdonémonos mutuamente.

6 Deja que pasen cinco minutos y vuelve a tomar conciencia de tu propio cuerpo. Respira profundamente durante unos minutos y que tu conciencia descanse en la respiración antes de abrir los ojos.

SEGURIDAD Y PERDÓN

Cuando trabajes sobre el perdón, puede darte la impresión de que estás siendo débil o abriéndote a daños futuros. Recuerda que el perdón no exige que alguien tenga que regresar a tu vida, para dejar que te cause daño otra vez, ni estar de acuerdo con las acciones de alguien. Puedes soltar el resentimiento mientras sigues manteniendo límites saludables. Un corazón que perdona establece límites por el cuidado de sí mismo, mientras que un corazón resentido establece límites a partir del miedo.

63

RAIN

TIEMPO: 20 MINUTOS

No estoy seguro acerca de dónde se originó esta práctica, pero la aprendí durante mi formación como profesor con la psicóloga y profesora de meditación Tara Brach. RAIN* son las siglas de reconoce, acepta, investiga y nutre. Esta es una de mis prácticas preferidas. Puedes emplearla con cualquier experiencia o como una práctica de meditación independiente y volver a ella fácilmente en la vida diaria. Resulta especialmente útil con las emociones y los pensamientos difíciles.

PASOS

1 Siéntate cómodamente y comienza a llevar tu conciencia a tu experiencia del momento presente. Concédete un minuto o dos después de cerrar los ojos para darte cuenta de lo que oyes, lo que sientes en el cuerpo y lo que ocurre en la mente.

2 Trayendo a colación una experiencia o emoción difícil, empieza con el reconocimiento. Reconoce los

---

* N. del T.: *Rain* es 'lluvia' en inglés y la práctica es descrita como «dejar que la lluvia te moje en lugar de huir de ella».

pensamientos que surgen, las sensaciones corporales y la voz interior crítica que a menudo escuchas. Permanece unos cuantos minutos simplemente reconociendo la presencia de la dificultad, conectando con los diferentes modos de manifestarse en tu experiencia.

3 Pasa a la fase siguiente: aceptación. Con las emociones desagradables, el hábito de la mente es intentar liberarse de esas experiencias. En lugar de eso, permite que estén presentes en ti. Puedes intentar ofrecer esta simple frase de ecuanimidad y aceptación: «Justo ahora, es así». Sigue trabajando con la aceptación durante cinco minutos, haciendo que la mente vuelva cuando comience a rechazar la dificultad.

4 Ahora empieza a investigar más profundamente. Reconociste lo que sentías en el primer paso de RAIN. En la investigación, permite que la curiosidad pase a primer plano. Pregúntate dónde te sientes vulnerable, cómo te sirve esta emoción y si crees que puedes liberarte de este dolor.

5 Durante los últimos cinco minutos, gira hacia el hecho de nutrirte con la compasión. Todo este ejercicio ha sido una práctica de compasión hacia ti mismo, ya que estás atendiendo el dolor con conciencia, en lugar de negarlo. No obstante, realiza un esfuerzo decidido para ofrecer unas cuantas frases compasivas y abrir el corazón.

NO IDENTIFICACIÓN: *otro uso habitual de la N final en RAIN es no identificación. Aunque no tan cercano como la palabra* nutrir*,* *ofrece también una práctica con mucha fuerza. Puedes recorrer la práctica tal como se ha descrito, pero cuando llegues al final, practica el soltar la experiencia. Reconoce que este pensamiento o esta experiencia* no *son tú, ni siquiera son tuyos. Es un proceso transitorio, que aparece y desaparece, como hacen todas las experiencias. Suéltalo.*

64

5-4-3-2-1

TIEMPO: 5 MINUTOS

Cuando estás en medio de una emoción abrumadora, esta puede engancharte completamente. La práctica de mindfulness te ayuda a darte cuenta de cuándo ocurre esto. Cuando notes que te sientes abrumado, puedes utilizar este ejercicio para volver al aquí y ahora. Te llevará solo unos cuantos minutos y es una invitación al placer de estar presente.

PASOS

1   Dejando los ojos abiertos, date cuenta de cinco cosas que puedas ver. Puedes decirlas en voz alta o mentalmente, de manera silenciosa. Detente en cada una de ellas para observarla detenidamente.

2   A continuación, percibe cuatro cosas que puedas sentir en el cuerpo. Dilas en voz alta o solo mentalmente y posa tu atención en cada sensación durante unas cuantas respiraciones profundas.

3   Nombra tres cosas que puedas oír. Intenta elegir tres sonidos diferentes, no el mismo sonido tres veces.

4 Date cuenta de dos cosas que puedas oler. Si no puedes oler dos cosas en este momento, siéntete libre para ir a cualquier lugar a oler algo más de cerca.

5 Finalmente, encuentra una cosa que puedas saborear. Puede ser el sabor que queda de una comida, de tu dentífrico o simplemente de tu respiración. Si no puedes conectar con un sabor en ese momento, evoca uno del que disfrutes en general.

TERCERA PARTE

65

Tú puedes manejarlo

TIEMPO: 10 MINUTOS

Eres capaz de manejar más cosas de lo que crees. Las emociones difíciles a veces pueden sacar lo mejor de ti, pero siempre pasan, y tú con ellas. Al poner atención plena al proceso de atravesar tiempos difíciles, puedes entrenarte para reconocer tu propia resiliencia. Al ver claramente que eres capaz de manejar la dificultad, entrenarás tu mente para saber que en el fondo estás bien.

PASOS

1 Cierra los ojos y ajusta la postura para estar cómodo. Enraízate en el cuerpo, percibiendo los pies en el suelo, el cuerpo en la silla o el cojín, y el movimiento de la respiración.

2 Evoca una emoción difícil que hayas experimentado recientemente. No te recrees en la historia. En vez de eso, céntrate en el sentimiento. Puedes hacerlo conectando primero con el cuerpo. ¿Qué siente el cuerpo cuando esta emoción está presente?

3 Sintiendo la emoción en el cuerpo, investiga tu capacidad de estar con ella. ¿Qué es lo que sientes

abrumador o inmanejable? Pregúntate si eres capaz de manejar el sentimiento en este momento concreto. Sigue atendiendo a la experiencia corporal, examinando si puedes estar presente con ella o no.

4 Después de unos minutos, dirige tu atención a la mente y el estado en que se encuentra. Cuando esta emoción está presente, ¿qué hace la mente? Observa los pensamientos que surgen y la sensación general de la mente. Pregúntate de nuevo si algo de lo que surge es demasiado para poder gestionarlo.

5 Durante los últimos dos minutos, reflexiona sobre los dolores y las dificultades que has pasado a lo largo de tu vida. A través de pequeñas frustraciones y experiencias más hondas de pena, incluso tragedias, has llegado hoy a este momento. Reconoce tu resiliencia natural, recordando que, desde luego, eres capaz.

TERCERA PARTE

66

Tener un mal día

TIEMPO: 15 MINUTOS

Todos tenemos días de esos en los que nada parece salir bien. Puede que te sientas mal, emocionalmente agotado o abrumado por las responsabilidades. Al etiquetar el día como un «mal día» puede parecer cierto, pero a menudo es inadecuado: ningún día es cien por cien malo; casi siempre hay *algo* bueno, por pequeño que sea. Puedes entrenar tu mente para reconocer tanto lo bueno como lo malo, ayudándote a ver claramente que es probable que haya también momentos agradables y de los que puedes disfrutar durante el día y que ninguno de esos momentos es permanente. Cuando tengas momentos dolorosos, puedes responder con compasión y reescribir la historia del día.

PASOS

1   Esta práctica funciona bien cuando estás en medio de un día difícil. Busca un lugar tranquilo y unos pocos minutos para sentarte en silencio.

2   Cerrando los ojos, empieza por apaciguar el cuerpo. Percíbete sentado en quietud, siente el contacto del

cuerpo con la silla o el cojín, y el movimiento corporal al respirar.

3   Evoca algo difícil que hayas experimentado hoy. Utiliza un suceso específico, un sentimiento general o cualquier cosa que surja de forma espontánea en tu mente.

4   Cuando surja la sensación de tu «mal día», presta atención a cómo es esa experiencia. Date cuenta de si hay alguna sensación en el cuerpo o algún pensamiento que la mente esté procesando. Trata de no despedazarlo demasiado; en vez de eso, conecta con la experiencia y la emoción general. Pregúntate qué sientes al estar teniendo un día difícil hoy.

5   Con conciencia de la impresión que te produce, comienza a ofrecerte un poco de compasión. Mantén cierta conciencia de la experiencia en la mente y en el cuerpo. Puedes ofrecer en silencio estas frases:

Este es un momento de dolor [o dificultad, o incomodidad, o sufrimiento].
Que pueda yo atender este dolor con una conciencia llena de cariño.

6   Después de cinco minutos de ofrecerte compasión, abandona las frases. Evoca algo que te haya producido alegría o satisfacción hoy. Trata de encontrar un momento en el que no estuvieras envuelto en la incomodidad o el dolor. Puede ser nada más despertarte, una conversación hermosa con un amigo o compañero de

trabajo, o el momento de comer, y no te centres en las dificultades.

7 Cuando algo llegue a tu mente, conecta con la sensación que tuviste. Reconoce que, aunque puedes haber tenido un día duro, he aquí un momento libre de dolor. Ofrece la frase sencilla siguiente: «Que pueda yo apreciar este momento».

8 Sigue evocando otros momentos en los que has experimentado alguna alegría durante el día. Cada vez que aparezca uno nuevo, siéntate con él durante unas cuantas respiraciones profundas y repite la frase. Cuando te cueste encontrar experiencias agradables o satisfactorias, busca los momentos neutros del día.

9 Al terminar la práctica, reflexiona durante un minuto sobre todo el día. Sin negar tu experiencia de tener un mal día, reconoce también que no toda la jornada fue desagradable. Conecta con el hecho de que muchos momentos fueron agradables o neutros.

67

Gustarse a sí mismo

TIEMPO: 10 MINUTOS

El diálogo interno en el que te ves envuelto habitualmente, con frecuencia es cruel. Te das palos a ti mismo, te aferras a estándares poco realistas y te centras en cómo ser siempre mejor. Con mindfulness, puedes sintonizar con esta voz y reconocer estos pensamientos.

También puedes aprender a conectar con las cosas que te gustan de ti. Incluso si no son obvias en todo momento, hay partes de ti que te agradan. En este ejercicio, llevarás tu conciencia a estos aspectos de ti mismo para ofrecer una imagen más completa de quién eres.

PASOS

1   Cierra los ojos y busca una postura cómoda en la que sentarte. Lleva tu conciencia a la sensación de la respiración corporal. Puedes centrarte en el pecho, en el abdomen o en las fosas nasales. Durante los primeros minutos, permite que la mente se estabilice y se centre volviendo tu atención a la respiración tantas veces como sea necesario.

213

2 Una vez que la mente se haya estabilizado, comienza evocando algo que aprecies de ti mismo. Empieza con el cuerpo. Pregúntate qué te gusta de tu cuerpo y simplemente detente para apreciarlo durante un momento. Puede ser un rasgo físico, como tu cabello o tu piel, o puede ser una cualidad, como la fuerza o la flexibilidad. Cuando surja algo, permanece con la experiencia de apreciar esta parte tuya durante unas cuantas respiraciones.

3 Después de un minuto o dos trabajando con el cuerpo, cambia a la mente. Mira las cualidades de tu cerebro y tu experiencia emocional. Pregúntate qué aprecias de él, de tu intuición y de tu personalidad. Una vez más, simplemente permanece valorando aquello que surja.

4 Durante los últimos minutos, céntrate en los cinco sentidos tradicionales: la vista, el olfato, el gusto, el oído y el tacto. Recorre cada sentido, reconociendo la belleza y el placer que todos ellos te han aportado. Por ejemplo, reconoce que tu sentido del oído te ha permitido escuchar la voz de un ser querido. El sentido del tacto te ha permitido sentir la calidez de un abrazo. Permanece con cada sentido, percibiendo qué regalos te aportan y cómo los valoras.

RECONOCER AL CRÍTICO

Sea durante esta práctica o en tu vida diaria, puedes percatarte de tu crítico interno, que realiza comentarios de fondo sobre tu experiencia presente. Recuerda que no tienes que creer todos los pensamientos que tengas, y cuanto más puedas traer el ruido de fondo a la luz, menos poder tendrá. Trata de agradecer el pensamiento que llega por la información que te trae y luego déjalo pasar. No lo rechaces; permite que surja y pase por sí mismo. Reconoce con atención plena los pensamientos que llegan y agradécete a ti mismo por familiarizarte con tus patrones mentales.

TERCERA PARTE

68

Reconocer las necesidades

TIEMPO: 15 MINUTOS

Cuando empieces a conectar con tu experiencia desde la atención plena, puedes empezar también a darte cuenta de tus dificultades y tus luchas. Parte del mindfulness consiste en reconocer lo que necesitas en esos momentos. Te invito a responder de modo que fomente tu felicidad y tu libertad y no de un modo que perpetúe tu dolor y tu sufrimiento. Este ejercicio ofrece una manera concreta de detenerte y observar tus necesidades en un momento dado.

PASOS

1   Siéntate tan erguido como puedas y cierra suavemente los ojos. Para esta práctica es útil comenzar con unos minutos de concentración para equilibrarte. Elige un lugar del cuerpo en el que puedas sentir la respiración y conecta con las sensaciones de esta durante un par de minutos.

2   Evoca una situación reciente que encontraste difícil o dolorosa. Sin llegar demasiado lejos en la historia, reconoce cómo sientes esta experiencia en el momento presente.

3 Con la memoria y la experiencia presente en tu conciencia, pregúntate qué necesitas en ese momento. Céntrate en las necesidades emocionales generales, como compasión, comprensión e intuición. Con esta dificultad, ¿qué te habría ayudado? Cuando brota una necesidad, dite a ti mismo: «Necesitaba _____». Sigue conectando con otras necesidades, haciendo pausas para reconocer cada una.

4 Después de cinco minutos, lleva tu conciencia a tu experiencia en el presente. Absteniéndote de historias y objetivos, pregúntate qué necesitas justo ahora. Abandona los pensamientos que tienen que ver con terminar tareas y complacer a otros. Céntrate en tus necesidades más profundas de autocuidado, paciencia y cualquier otra cosa que sea cierta para ti en ese momento.

5 Al terminar este ejercicio, reflexiona sobre tu propia capacidad de reconocer tus necesidades. ¿Puedes hacer algo para aceptar esas necesidades ahora? ¿Hay necesidades que tengas y que no esté en tu poder cumplir? Cuídate a ti mismo, concédete compasión y paciencia.

69

Autosuficiente

TIEMPO: 15 MINUTOS

Cuando la mente y el cuerpo van comprendiendo las claves el uno del otro, podemos utilizar nuestras propias manos para fomentar estados de tranquilidad y bienestar. Esta es una práctica que aprendí de Nancy Napier, una psicoterapeuta carismática que trabaja con quienes han experimentado traumas. La premisa básica es que el cuerpo humano responde al tacto, este puede cambiar la actividad del sistema nervioso. Recomiendo que te familiarices con estas prácticas y las puedas utilizar en tu vida cotidiana cuando necesites un modo de calmarte.

PASOS

1   Siéntate en una postura cómoda y cierra los ojos. Respira profundamente a través de la nariz, permitiendo que los pulmones se vacíen del todo con la espiración. Sigue respirando profundamente durante un minuto.

2   Durante unos minutos, lleva la atención al cuerpo en este momento. Sin cambiar ni inmovilizar nada, observa lo que está presente. Date cuenta de qué sensaciones físicas puedes sentir y dónde puedes sentirlas.

Intenta realmente que la conciencia pase de la cabeza al resto del cuerpo.

3 Comienza a apoyarte a ti mismo llevando una de tus manos a la parte superior del brazo opuesto, justo debajo del hombro. Posa suavemente la mano ahí con la intención de ofrecerte apoyo a ti mismo. Este es un lugar de apoyo en el cuerpo humano. Permítete sentir el cuidado y el apoyo que tienes para ti mismo. Conecta con un estado de relajación en la mente y el cuerpo.

4 Después de unos minutos, libera la mano. Realiza unas cuantas respiraciones profundas y lleva la mano a la nuca, allí donde la columna vertebral se junta con el cráneo. Este es un lugar en el que fuiste sostenido y apoyado de niño, y puede proporcionar una sensación de seguridad y tranquilidad. Al poner suavemente la mano ahí, permite que el cuerpo se sienta seguro y cómodo.

5 Tras dejar que pasen unos cuantos minutos, mueve la mano al centro del pecho. Esto estimula el nervio vago, libera oxitocina y estimula el sistema nervioso parasimpático. Deja la mano descansando ahí, sintiendo que te cuidas a ti mismo, al tiempo que relajas el cuerpo y la mente.

6 Después de un par de minutos con la mano en el pecho, permite que la mano se relaje de nuevo. Deja pasar unos minutos mientras respiras e invitas a que la mente y el cuerpo sigan relajados antes de abrir los ojos.

LLEVAR ESTA PRÁCTICA A LA VIDA: *puedes utilizar cualquiera de estas prácticas en la vida diaria cuando te encuentres en una situación difícil. Son especialmente útiles cuando te sientes excesivamente estimulado. Puede deberse a ansiedad, estrés, ira o cualquier otra experiencia emocional que active el sistema nervioso. Reconociendo esto con atención plena, puedes responder con estos actos de compasión. Tómate un momento para que tu mano descanse sobre la parte superior de tu otro brazo con la intención de apoyarte a ti mismo.*

70

El cuenco de la pelvis

TIEMPO: 10 MINUTOS

Hay muchos modos de estabilizar la mente cuando se activa. Este ejercicio lo uso frecuentemente para facilitar la relajación de la mente y el cuerpo cuando me siento abrumado. Puedes utilizarlo como una práctica independiente, para volver al cuerpo durante el día, o al comienzo de un período de meditación para ayudar a calmarte.

PASOS

1. Permite que tus ojos se cierren y siéntate con la columna vertebral tan recta como sea posible. Utiliza la respiración para favorecer una conciencia amable. Con la inspiración, asciende con la atención por la columna vertebral. Con la espiración, suelta todo esfuerzo. Deja que los hombros caigan, relaja la mandíbula y suelta el vientre.

2. Después de un minuto o dos de respirar así, lleva tu atención a la pelvis y las caderas. Imagina esta parte del cuerpo como un cuenco. Al espirar, permite que toda la energía del cuerpo vaya lentamente hacia el cuenco. Siente la estabilidad del cuenco al estar

sentado en la silla o el cojín, y deja que el cuerpo se relaje en este cuenco.

3 Sigue con tu conciencia en la pelvis y permite que el cuerpo se relaje realmente. De manera similar al ejercicio 13, «Desengancharse de los pensamientos», puedes pensar que el cuerpo es como una bola de nieve. Después de agitarla, lleva tiempo y paciencia dejar que cada copo de nieve se pose. Al sentarte, permite que el cuerpo se relaje y calme con una conciencia paciente. Con cada espiración, deja que el cuerpo se suelte.

71

¿Dónde está mi mente?

TIEMPO: 15 MINUTOS

Al llevar la atención a la mente, puedes desapegarte de manera natural de tus pensamientos y divagaciones. Al observar tus propios pensamientos, creas naturalmente una separación respecto de ellos, porque ves que a menudo surgen por sí solos. De este modo es más fácil no implicarse con cada pensamiento. Puedes percibir los pensamientos individuales, abarcar los estados mentales y darte cuenta de lo activa o lo perezosa que está la mente en un momento dado. Esta práctica ofrece también otro modo de entender a la mente pensante. Utilizarás un ejercicio sencillo de anotar para ver dónde está la mente cuando surgen los pensamientos. En lugar de centrarte en el contenido de los pensamientos, conecta con su contexto general.

PASOS

1 Cierra los ojos y ajusta el cuerpo para hallar una postura cómoda y sostenible. Como vas a trabajar con pensamientos, es útil dedicar los cinco primeros minutos a preparar la concentración. Elige un lugar del cuerpo y posa la conciencia en la respiración. Cuando

la mente divague, simplemente vuelve a llevarla amablemente a la experiencia de la respiración.

2   Abre tu conciencia a la mente y a los procesos del pensamiento. Utilizando la respiración como tu ancla, permanece con la sensación de respirar hasta que surja un pensamiento. Cuando percibas que aparece un pensamiento, date cuenta de cuál es su contexto general. En lugar de conectar con los aspectos específicos del pensamiento, percibe si es parloteo mental, resolución de problemas, fantasear u otro patrón de pensamiento.

3   Cuando reconozcas que estás pensando, toma nota mentalmente del pensamiento y vuelve a la respiración. Con toda paciencia, sigue respirando, a la espera de que surja otro pensamiento. Una vez más, toma nota de lo que el pensamiento es en general, sin bucear en aspectos específicos ni quedar envuelto en él.

4   Después de cinco minutos aproximadamente, puedes pensar si añadir un punto más. Date cuenta de si el pensamiento tiene que ver con el pasado, el presente o el futuro. Sin etiquetar uno como bueno u otro como malo, simplemente date cuenta de dónde está la mente.

5   Al salir de esta práctica, intenta retener cierta conciencia de la mente pensante. Cuando estés realizando las tareas diarias, reconoce cuándo está haciendo de las suyas, divagando. Cuando veas que está sucediendo esto, intenta darte cuenta de dónde está la mente.

72

Amabilidad con los pensamientos

TIEMPO: 15 MINUTOS

Puedes notar que tu respuesta a la mente y sus pensamientos no siempre está basada en la amabilidad y la dulzura. Tradicionalmente, la bondad amorosa se practica hacia una persona (aunque esa persona seas tú), pero puedes dirigir el mismo sentimiento hacia la propia mente. Con práctica, puedes aprender a responder a la mente con una mayor aceptación. Esto te ayuda a ver con mayor claridad y no quedar preso de las reacciones a cada uno de los pensamientos.

PASOS

1   Siéntate en una postura saludable y que invite a la atención plena. Escucha tu cuerpo y realiza los ajustes necesarios para hallar una postura cómoda.

2   Como en el ejercicio anterior, comienza con unos minutos de práctica de la concentración. Lleva tu atención a la respiración en el cuerpo y suavemente entrena la mente para que se concentre.

3 Ábrete a tus pensamientos. Manteniendo tu conciencia de la respiración como tu ancla, simplemente date cuenta cuando surja un pensamiento. Puedes etiquetarlo o anotar su contenido, pero céntrate en responder a él con indulgencia. Sea agradable, desagradable o neutro, intenta tener paciencia con la mente pensante.

4 Cuando surja un pensamiento, ofrece una frase de bondad amorosa hacia la mente y el pensamiento. Puedes probar empleando una de estas frases:

Que pueda estar yo en paz con mi mente.
Que pueda estar yo en paz con este pensamiento.
Mente pensante, mente amable.

5 Vuelve a conectar con la intención de responder a tus pensamientos con amabilidad una y otra vez. Cuando la mente se disperse, simplemente retorna a la respiración y presta atención al momento en que surja un pensamiento. Ofrece amablemente una frase de bondad amorosa y vuelve a tu deseo de estar en paz con la mente.

6 Cuando termines esta práctica, realiza un esfuerzo para llevarla contigo durante el día. Haz una pausa y ofrece a la mente y a los pensamientos unas cuantas frases de bondad amorosa: cuando estés esperando en una cola, caminando hacia tu coche o consultando el correo electrónico.

73

Tu yo fuerte

TIEMPO: 10 MINUTOS

Durante unos años viví frente a un edificio cubierto de arte callejero del artista Chase, de Los Ángeles. En muchas de las obras que crea utiliza el eslogan «Recuerda quién eres», un hermoso recordatorio para reconectar con quién eres más allá de todas las historias. Cada día, cuando pasaba junto al edificio cubierto de arte, lo utilizaba como una clave para reconectar conmigo mismo.

Este ejercicio proporciona un modo de reconectar profundamente. Aunque no es una práctica tradicional de mindfulness, puedes utilizarla para recordar quién eres, especialmente cuando te olvides.

PASOS

1   Sentado en una postura cómoda, cierra los ojos y haz unas cuantas respiraciones profundas a través de las fosas nasales.

2   Imagínate en una situación difícil. Puede ser algo que emerge y te provoca miedo o ansiedad, o algo que te ocurrió en un pasado reciente. Reconoce cualquier miedo o aversión que esté presente cuando traigas

este suceso a tu mente. Quizás quieres pedir un ascenso, necesitas tener una conversación difícil con un ser querido o hay una próxima cita que te preocupa.

3   En lugar de desplegar la historia en tu cabeza, pregúntate qué haría la versión más potente de ti y cómo *ellos* la manejarían. Visualiza a tu yo fuerte manejando la situación con total amabilidad, cuidado, atención plena, paciencia y sabiduría.

4   Al visualizar esta situación en tu mente, haz un esfuerzo especial por sentir la fuerza en tu interior. Permítete sentirte fuerte y con confianza. Cuando comiences a dudar de ti mismo, vuelve al yo fuerte. Reconecta con tus intenciones de mostrar sabiduría y compasión ante las dificultades.

5   Puedes seguir con una experiencia, desplegándola a través de múltiples momentos. También puedes trabajar con una situación o un suceso diferente. Sigue conectándote con la fuerza que hay en tu interior. Recuerda respirar profundamente y observar cualquier ansiedad o preocupación.

6   Cuando termines esta práctica, puedes intentar escribir sobre tu experiencia. Escribir después de este ejercicio te proporciona una mirada cristalizada de ti mismo como el yo fuerte y puede ayudar a clarificar cómo eres capaz de manejar experiencias difíciles.

TERCERA PARTE

REPRESENTAR LA FUERZA: *cuando llegue la situación y sea el momento de entrar en la dificultad, recuerda quién eres. Reconecta con tu yo fuerte durante unos instantes. Puedes cerrar los ojos y volver rápidamente a tu visualización durante unos momentos para conectar con la atención, la compasión y la sabiduría que tratas de llevar a tu vida. Recuérdate que eres capaz de hacer frente a esa situación con sabiduría.*

TERCERA PARTE

74

Espacio para sentir

TIEMPO: 10 MINUTOS

Es común tensarse ante la incomodidad. Se tensa el cuerpo cuando se está luchando, cuando intenta liberarse de lo desagradable. En lugar de tensarte, puedes hacer espacio al dolor. Dándole la bienvenida y recibiéndolo con una presencia cariñosa, tienes el poder de volver a entrenar la mente. Esto te ayuda a desarrollar una conciencia no reactiva. En vez de ser controlado por cada situación difícil, puedes detectarla, permitirle que esté presente y seguir adelante.

PASOS

1   Para esta práctica, halla una postura cómoda. Puedes investigar haciendo este ejercicio sentado o acostado.
2   Concédete unos minutos para calmarte. Respira profundamente, permitiendo que la mente y el cuerpo se relajen con cada espiración. Sin ignorar lo desagradable, invita a la calma.
3   Presta atención a la emoción dolorosa que estés experimentando. No te enredes en la historia. Reconoce cómo se sienten la mente y el cuerpo justo ahora. Pregúntate si es tristeza, miedo, frustración o decepción.

Simplemente percibe el tono general y experimenta lo que estás sintiendo.

4   Empieza haciendo espacio para la emoción mientras ofreces unas cuantas frases de compasión. Recuerda tu intención de ocuparte del dolor en vez de rechazarlo. Ofrece estas frases al dolor o la dificultad:

Eres bienvenido aquí.
Hay espacio para ti.
Que pueda yo darte la bienvenida con compasión.

5   Continúa ofreciendo las frases durante cinco minutos más o menos, reconectando con tu intención de atender a la experiencia con un corazón abierto y cariñoso.

6   Cuando termines, vuelve a la respiración durante un minuto o dos. Con cada espiración, relaja el cuerpo. Deja que los hombros caigan, permite que la mandíbula se relaje y afloja los músculos del abdomen.

TERCERA PARTE

75

Abandona el querer arreglar todo

TIEMPO: 10 MINUTOS

Cuando hay descontento, el hábito natural es tratar de corregirlo. La mente entra en modo «arreglarlo». A menudo esto da como resultado un pensamiento circular, en un intento en vano de resolver un problema. Aunque la reflexión y el objetivo establecido sean útiles, la obsesión que experimentas a menudo no lo es. Este ejercicio proporciona una técnica para trabajar con este pensamiento que dice: «A arreglar toca». Puedes emplearlo en una práctica meditativa formal y volver a él en cualquier momento durante el día, en cuanto te percates de que la mente se estanca en un bucle de resolución de problemas.

PASOS

1 Siéntate tan recto como sea posible e invita a un estado de alerta de la mente y el cuerpo. Haz unas cuantas respiraciones, energizando el cuerpo.

2 Comienza conectando con tus pensamientos. ¿En qué problema estás trabajando para resolverlo? ¿Hay

algo específico que quieras averiguar o arreglar? Observa el tema en sí mismo, no tus pensamientos sobre él. Intenta ver claramente cuál es el problema, en lugar de centrarte en la solución.

3 Con el «problema» en mente, date cuenta de cualquier incomodidad que sientas en torno a él. Puede que sea algún miedo a lo desconocido, inseguridad o un deseo de planificar algo. Sea cual sea tu experiencia, mira el tema en cuestión con ternura y conciencia. No hace falta que te juzgues, te maltrates o te precipites para arreglarlo. Simplemente permanece con la incomodidad.

4 Mientras mantienes la conciencia del problema que hay que resolver, comienza a conectar con la mente y el cuerpo. ¿Hay tensión en el cuerpo? Date cuenta de dónde está. Reconoce cuando la mente salte al deseo de arreglar la incomodidad diciéndote a ti mismo: «Arreglar».

5 Con la intención de conocer tu experiencia con paciencia, ofrécete unas cuantas frases de cuidado y atención:

Veo esta incomodidad.
La mente quiere arreglarla.
Que pueda yo permanecer con este problema, aceptándolo.

6 Para cerrar esta meditación, emplea un minuto para preguntarte qué puede hacerse. No hace falta elaborar un plan muy definido, establecido paso a paso. Simplemente ofrece la solución más simple posible.

TERCERA PARTE

Por ejemplo, si te preocupan las facturas, reconoce que quizás necesites ahorrar algún dinero. Permite que surja una solución básica y no ahondes más profundamente en la historia.

Recursos

HE AQUÍ ALGUNAS HERRAMIENTAS QUE utilizo en mi propia práctica. Estos recursos te ayudarán a continuar tu práctica y encontrar apoyo mientras la realizas.

LIBROS

A Burning Desire: Dharma God and the Path of Recovery [Un deseo ardiente: el Dios Dharma y el sendero de recuperación], de Kevin Griffin.

A Fierce Heart: Finding Strength, Courage, and Wisdom in Any Moment [Un corazón feroz: hallar fuerza, coraje y sabiduría en cualquier momento], de Spring Washam.

Camino con corazón: una guía a través de los peligros y promesas de la vida espiritual, Barcelona, Liebre de Marzo, 2016, de Jack Kornfield.

Aliento tras aliento: la práctica liberadora de la meditación Vipassana, Madrid: Imagina, 2006, de Larry Rosenberg con David Guy.

El cerebro de Buda: la neurociencia de la felicidad, el amor y la sabiduría, Santander, Milrazones, 2011, de Rick Hanson con Richard Mendius.

El milagro de mindfulness: una introducción a la práctica de la meditación, Madrid: Planeta, 2019, de Thich Nhat Hanh.

Refugio verdadero: encuentra la paz y la libertad en tu propio co-razón despierto. Madrid: Gaia, 2015, de Tara Brach.
El secreto de la felicidad auténtica: el poder de la meditación, Oniro, 2011, de Sharon Salzberg.

SITIOS WEB

Acces to Insight – www.accesstoinsight.org
Dr. Kristin Neffe – www.self-compassion.org
Greater Good Magazine – www.greatergood.berkeley.edu
Mindful – www.mindful.org
Mindful Schools – www.mindfulschools.org
Tricycle Magazine – www.tricycle.org
Wildmind – www.wildmind.org

APLICACIONES DE MÓVIL

Calm – www.calm.com
Headspace – www.headspace.com
Insight Timer -www.insighttimer.com
MetaFi – www.metafi.me
10% Happier – www.10percenthappier.com

PODCAST

Against the Stream – www.againstthestream.org/podcasts/
Audio Dharma – www.audiodharma.org
Buddhist Geeks – www.buddhistgeeks.org
Dharma Seed – www.dharmaseed.org
Greater Good Science Center – www.greatergood.berke-ley.edu/podcasts
Metta Hour – www.sharonsalzberg.com/metta-hour-podcast/

Secular Buddhist Association — www.secularbuddhism. org/category/podcasts
Tara Brach — www.tarabrach.com/talks-audio-video/
10% Happier — www.10percenthappier.com/podcast

CENTROS DE MEDITACIÓN

Against the Stream/Dharma Punx — www.againstthes-tream.org
East Bay Meditation Center — www.eastbaymeditation.org
Insight Meditation Center — www.insightmeditationcen-ter.org
Insight Meditation Community of Washington — www.imcw.org
Insight Meditation Society — www.dharma.org
InsightLA — www.insightla.org
Spirit Rock — www.spiritrock.org
Vipassana — www.dhamma.org

Referencias

Baraz, James y Shoshana Alexander. *Awakening Joy: 10 Steps to Happiness*. Berkeley, CA: Parallax Press, 2012.

Bodhipaksa. «Why the Emphasis on Concentration». *Wildmind Buddhist Meditation*. 13 de febrero de 2007. https://www.wildming.or/mindfulness/four/concentrate.

Boorstein, Sylvia. *Don't Just Do Something. Sit There: A Mindfulness Retreat with Sylvia Boorstein*. San Francisco: HarperOne, 1996.

Brach, Tara. *Refugio verdadero: encuentra la paz y la libertad en tu propio corazón despierto*. Madrid: Gaia, 2015

Chödrön, Pema. «The Breath of Compassion». *Awaken*. 18 de noviembre de 2016. http://www.awaken.com/2016/II/the-breath-of-compassion/.

Clairborne, Craig. *The New York Times Cookbook*, Nueva York: Harper & Row, 1961.

Corliss, Julie. «Mindfulness Meditation Helps Fight Insomnia, Improves Sleep». *Harvard Health Blog*. Modificado por última vez el 22 de diciembre de 2015. https://www.health.harvard.edu/blog/mindfulness-meditation-helps-fight-insomnia-improves-sleep-201502187726.

Dillbeck, Michael C. «Meditation and Flexibility of Visual Perception and Verbal Problem Solving». *Memory & Cognition* 10, n.º 3 (mayo de 1982): 207-215. https://doi.org/10.3758/BF03197631.

Hanson, Rick. *El cerebro de Buda: la neurociencia de la felicidad, el amor y la sabiduría*, Santander, Milrazones, 2011.

___, *Hardwiring Happiness: The New Brain Science of Contentment, Calm, and Confidence*. Nueva York: Harmony Books, 2013.

Hofmann, Stefan G., Alice T. Sawyer, Ashley A. Witt, y Diana Oh. «The Effect of Mindfulness-Based Therapy on Anxiety and Depression: A Meta-Analytic Review». *Journal of Consulting and Clinical Psychology* 78, n.º 2 (abril de 2010): 169-183. doi:10.1037/aoo18555.

Hughes, J. W., D. M., Fresco, R. Myerscough, M. H. M. van Dulmen, L. E. Carlson y R. Josephson. «Randomized Controlled Trial of Mindfulness-Based Stress Reduction for Prehypertension». *Psychosomatic Medicine* 75, n.º 8 (octubre de 2013): 721-728. doi:10.1097/PSY.oboi13e3182a4e5.

Mrazek, Michael D., Michael S. Franklin, Dawa Tarchin Phillips, Benjamin Baird y Jonathan W. Schooler. «Mindfulness Training Improves Working Memory Capacity and GRE Performance While Reducing Mind Wandering». *Psychological Science* 24, n.º 5 (mayo de 2013): 776-781. doi:10.1177/0956797612459659.

Nouwen, Henri J. M. *La voz interior del amor: desde la angustia a la libertad*, PPC, 2005.

Rattue, Grace. «Meditation Can Help Loneliness». *Medical News Today*. 17 de agosto de 2012. https://www.medicalnewstoday.com/articles/249181.php.

Sayadaw, Mahasi. *Mindfulness y Vipassana: el método Mahasi*. Barcelona: Kairós, 2020.

Watts, Alan. *The Essence of Alan Watts*. Millbrae, CA: Celestial Arts, 1977.

Índice temático

Agradecimientos

ESTE LIBRO ESTÁ INSPIRADO EN mi propia práctica, y mi práctica ha sido inspirada y apoyada por muchas personas a lo largo de los años. En primer lugar y, sobre todo, quiero agradecer profundamente a Elizabeth por el amor incondicional que me ha ofrecido durante su escritura, el apoyo que me proporciona cada día y la constante motivación para bucear cada vez más profundamente.

Estoy agradecido a todas las personas que me animaron a practicar en mis primeros años y me vieron a través de las dificultades. Estoy eternamente agradecido a mis padres y mis dos hermanas, que me amaron cuando yo no era capaz de amarme a mí mismo.

Gracias a los incontables maestros y profesores que he tenido en mi vida, especialmente a Richard Burr, Noah Levine, Kevin Griffin y Thanissaro Bhikkhu. Habéis fortalecido constantemente mi práctica y me habéis mostrado la dirección en este camino.

Gracias a nuestra maravillosa comunidad en One Mind Dharma, que ha fortalecido mi práctica y me ha dado una comunidad. Llenáis mi corazón con amor y mi mente con sabiduría cada día.

Finalmente, tengo una profunda deuda de gratitud hacia aquellos que sostuvieron mi mano con amor cuando comencé este viaje: Vogi, que siempre sabe cuándo empujarme amorosamente hacia delante y enseñarme lo que significa ser adulto, y Jack, que fue más allá de actuar con amor y compasión. Simplemente yo no estaría aquí sin ti, y sé que habrías sido de los primeros en leer el libro.

Sobre el autor

MATTHEW SOCKOLOV es profesor de meditación en Petaluma, California. Fundador de One Mind Dharma, Matthew dirige grupos de meditación en el centro y trabaja individualmente con personas de todo el país que desean profundizar su práctica. Ha trabajado durante años con adictos en rehabilitación, adolescentes y con todos aquellos que se unían a la comunidad para practicar. Formado como profesor de meditación budista en Spirit Rock Insight Meditation Center, Matthew ha trabajado estrechamente con muchos maestros del budismo Theravada y de la tradición de meditación de visión penetrante. Ha estudiado con Kevin Griffin, Thanissaro Bhikkhu y la comunidad de Against the Stream. Matthew vive en el norte de California con su esposa, Elizabeth, enseñando meditación, paseando al aire libre, y disfrutando del tiempo con su perro, sus gatos y sus gallinas. Puedes encontrarlo en www.MattSock.com. Sus meditaciones, pódcast gratuitos y sus escritos están disponibles en www.OneMindDharma.com.